Egon Bahr • Peter Ensikat

Gedächtnislücken

atb aufbau taschenbuch

Egon Bahr, geboren 1922 in Thüringen, arbeitete nach dem Krieg bei verschiedenen Berliner Tageszeitungen. 1960 wurde er Sprecher des damaligen Regierenden Bürgermeisters von Berlin, Willy Brandt, später bestimmte er als engster Berater von Bundeskanzler Willy Brandt maßgeblich die Ostpolitik der Bundesrepublik Deutschland.

Veröffentlichungen u. a. »Das musst du erzählen«. Erinnerungen an Willy Brandt (2013).

Peter Ensikat, 1941 in Finsterwalde geboren, war der meistgespielte Kabarettautor der DDR, 1999 bis 2004 Künstlerischer Leiter der Distel. Er starb am 18. März 2013 in Berlin.

Zahlreiche Bücher, zuletzt: Populäre DDR-Irrtümer. Ein Lexikon, Berlin 2008, Ihr könnt ja nichts dafür! Ein Ostdeutscher verzeiht den Wessis, Berlin 2010, Meine ganzen Halbwahrheiten, Köln 2010. Bei Aufbau erscheint 2013 der Gesprächsband Dieter Hildebrandt/Peter Ensikat: Wie haben wir gelacht. Ansichten zweier Clowns.

Egon Bahr, Grandseigneur der deutschen Sozialdemokratie, enger Wegbegleiter Willy Brandts, und Peter Ensikat, einer der bekanntesten Kabarettisten und Intellektuellen der DDR, sind seit vielen Jahren befreundet. Immer wieder trafen sie sich zu langen Gesprächen, in denen sie einander ihr Leben erzählten und ihr Nachdenken über die deutsche Nachkriegs- und Nachwendegeschichte teilten. Das Elend der Nachkriegszeit, der Mauerbau, der Aufstand am 17. Juni 1953, die zaghafte Politik des »Wandels durch Annäherung« der beiden deutschen Staaten, die Bahr maßgeblich bestimmte, bis hin zum Fall der Mauer und den Debatten der Nachwendezeit – dieses Buch bietet einen ebenso kurzweiligen wie prägnanten Überblick über die jüngere deutsche Geschichte.

Exklusiv für Sie! Ein Videomitschnitt der Gespräche finden Sie unter www.zeitzeugen-tv.com/gedaechtnisluecken.de

Egon Bahr • Peter Ensikat

Gedächtnislücken

Zwei Deutsche erinnern sich

atb aufbau taschenbuch

Herausgegeben von Thomas Grimm

Egon Bahr und Peter Ensikat sitzen im April 2006 zwei Tage lang in einem Fernsehstudio und erzählen einander ihr Leben. Dazu angestiftet hat sie der Dokumentarist Thomas Grimm von »Zeitzeugen TV«. Die Gespräche wurden fortgesetzt. Sie bilden die Grundlage des vorliegenden Buches.

FSC
www.fsc.org
MIX
Papier aus verantwortungsvollen Quellen
FSC® C083411

ISBN 978-3-7466-2972-8

Aufbau Taschenbuch ist eine Marke der
Aufbau Verlag GmbH & Co. KG

1. Auflage 2013

Die Originalausgabe erschien 2012 bei Aufbau, einer Marke der
Aufbau Verlag GmbH & Co. KG
Umschlaggestaltung Originalcover hißmann, heilmann, Hamburg
grafische Adaption capa design, Anke Fesel
unter Verwendung einer Illustration von Marion Brandes
Druck und Binden CPI – Clausen & Bosse, Leck
Printed in Germany

www.aufbau-verlag.de

Kein Wandel durch Annäherung

Seine Stimme kannte ich schon, als ich im RIAS vor allem den Kinderfunk-Onkel Tobias hörte und später den Theaterkritiker Friedrich Luft – die Stimme von »Egon Bahr aus Bonn«. Was er so sagte, verstand ich nicht immer, aber seine Stimme fiel mir schon damals auf. Später, längst erwachsen geworden, sah ich ihn dann im Fernsehen, wenn er von seinen Verhandlungen mit Moskau, Warschau oder Ostberlin sprach, von dem beabsichtigten »Wandel durch Annäherung« zwischen den Blöcken, der uns Ostdeutschen Hoffnung machte, vom Westen nicht ganz vergessen und abgeschrieben zu sein. Willy Brandt und Egon Bahr hatten sich nicht abgefunden mit der Teilung Deutschlands, Europas und der Welt in zwei feindliche Lager.

Der schlaue Strippenzieher imponierte mir, wie er beharrlich das betrieb, was die SED »Aggression auf Filzlatschen« nannte. Nach Jahrzehnten der Politik der großen Reden, die nichts gebracht hatten als wachsende Entfremdung, begann er nun im Auftrag von Willy Brandt mit der »Politik der kleinen Schritte«, die den Vorteil hatte, dass ihre Ergebnisse spürbar wurden. Dass Politik etwas Gutes für die kleinen Leute bringen konnte, war damals eine neue Erfahrung.

Wenn man heute, Jahrzehnte später, mit Egon Bahr durch Berlin geht, passiert es immer wieder, dass ihm unbekannte Männer und Frauen dankbar die Hand drücken wollen, obwohl das, was er getan und mit seinem Tun bewirkt hat, doch längst Geschichte ist. Dass ich ihm vor etwa fünfzehn Jahren persönlich begegnen durfte, verdanke ich einem gemeinsamen Freund – Peter Bender, der einst die neue Ostpolitik journalistisch begleitet hatte. Egon hatte ein Buch von mir gelesen und Bender gesagt, dass er den Autor gern kennenlernen würde. Das nahm mich natürlich noch mal ganz besonders für ihn ein. Der Zufall wollte es, dass ich am selben Abend mit ihm bei Bender eingeladen war.

Diese erste Begegnung war allerdings enttäuschend. Wir wussten einander einfach nichts zu sagen. Ich jedenfalls nicht. Mich bei ihm für seine Ostpolitik zu bedanken, erschien mir etwas verspätet, aber etwas anderes fiel mir nicht ein. Ihm schien auch nichts einzufallen. Na ja, dachte ich, man soll eben Leuten, die man verehrt, nicht zu nahe kommen. Das ist fast immer enttäuschend. Wenig später trafen wir uns dann regelmäßig zu Premieren in der »Distel«, und bei den Gesprächen danach fehlte es uns nie an Unterhaltungsstoff. Inzwischen sind wir Freunde. Ein Wandel in meiner Hochachtung für Egon Bahr ist aber trotz dieser Annäherung nicht entstanden, eher im Gegenteil.

Inzwischen spielen wir auch ab und zu Skat miteinander. Und da muss ich jedes Mal wieder erkennen, was für ein schlauer Fuchs er ist. Ich spiele auch nicht ganz schlecht. Aber bisher hat immer er gewonnen.

Egon Bahr und Peter Ensikat sitzen im April 2006 zwei Tage lang in einem Fernsehstudio und erzählen einander ihr Leben. Dazu angestiftet hat sie der Dokumentarist Thomas Grimm von »Zeitzeugen TV«. Die Gespräche wurden fortgesetzt. Sie bilden die Grundlage des vorliegenden Buches.

EGON BAHR: Wo fangen wir an? 1933, als die Nazis an die Macht kamen, hat mir mein Vater gesagt: »Hitler bedeutet Krieg.« Aber 1934 gab's keinen Krieg, 1935 auch nicht. 1936 kam die Welt nach Berlin und machte den Kotau vor unserem Führer und Reichskanzler. 1937 und 1938 – kein Krieg. 1939 begann es dann doch. Aber wie? Na fabelhaft! Zehn Tage Polen! Sechs Wochen Frankreich! Das hatte der Kaiser nicht mal in vier Jahren geschafft. Und dann noch »nebenbei« Norwegen und Dänemark. Das war damals für mich ungeheuer eindrucksvoll. Ich fühlte sogar ein bisschen Stolz. Aber dann kam der berühmte 21./22. Juni 1941, der Überfall auf die Sowjetunion. Es war ein Sonntag. Da habe ich zum ersten Mal die Fanfare gehört, diese geniale Bearbeitung von Liszts »Les Préludes«. Ich hatte das Gefühl, jetzt fängt die Erde an zu beben. Das war der Anfang vom Ende. Mein Vater hatte doch recht.

PETER ENSIKAT: Ihnen war also schon 1941 klar, das würde das Ende sein?

BAHR: Niemand hatte Russland besiegt, niemand kann es besiegen. An Russland hat sich noch jeder verhoben. Mein Vater sagte damals: »Jetzt kannst du nur noch versuchen, mit dem Arsch an die Wand zu kommen, damit du überlebst.«

ENSIKAT: Meine erste Erinnerung ist der Tag, an dem meine Mutter die Nachricht bekam, dass mein Vater gefallen ist. Da war ich knapp drei Jahre alt. Ich glaube aber mich zu erinnern, dass ich in dem Moment ahnte, dass was Schreckliches passiert war. Natürlich wusste ich nicht, was. Die nächste Erinnerung ist dann der 28. April 1945, der Tag nach meinem vierten Geburtstag. Wir wohnten in Finsterwalde, und die Russen marschierten ein, ohne dass ein Schuss fiel. Ein paar mutige Leute hatten am Wasserturm, dem höchsten Gebäude von Finsterwalde, eine riesige weiße Fahne gehisst. Die Russen marschierten einfach ein, und die »Verteidiger« waren so verblüfft, dass sie selbst auch nicht schossen. Wir vom Kirchplatz 7 saßen zusammen im Vorderhaus und mussten schließlich runter auf den Hof. Da standen dann wirklich Leute mit solchen Mongolengesichtern, wie ich sie von den Plakaten kannte. Bloß ohne Messer zwischen den Zähnen. Und längst nicht so groß, wie diese Teufel in meiner Vorstellung gewesen waren. Sie waren viel kleiner und sahen eigentlich eher jämmerlich aus. Mir fiel damals auf, dass der Saum an ihren Militärmänteln nicht umgenäht war. Und überhaupt – wie abgerissen die daherkamen. Zu uns Kindern waren sie sogar meist freundlich. Das hat aber unser Bild von Russen als Untermenschen allgemein nicht verändert. Das hielt sich lange, bis in die fünfziger Jahre. Obwohl wir sie anders erlebten, hielt die Wirkung der Nazi-Propaganda an.

BAHR: Ich habe ganz andere Erinnerungen daran, wie die Russen kamen. Ich war vorher zwei Jahre beim Kommiss, also bei der Wehrmacht, gewesen. Aber ich hatte das Glück, 1944 entlassen zu werden, weil sich herausgestellt hat, jedenfalls für die Nazis, dass meine Großmutter Jüdin war. Also wurde ich am 20. Juli entlassen. Ausgerechnet an dem 20. Juli, an dem die Offiziere vergeblich versucht hatten, Hitler umzubringen. Danach starben bis zum Ende des Krieges mehr Soldaten und Zivilisten als in den vier Kriegsjahren zuvor. Auf der Kriegsschule hatte ich gelernt, dass man eine Halbinsel schwer verteidigen kann. Und wo nicht verteidigt wird, wird auch nicht angegriffen. Also zog ich mit meiner Mutter auf so eine Halbinsel, nach Tegel Ort. Alles mit dem Fahrrad, schwer beladen. Und da wurde dann auch nicht gekämpft. Die Russen kamen eines Nachts einfach so an. Wir saßen im Keller und sahen, wie ein Bajonett um die Ecke kam. Nach dem Bajonett kam ein Soldat. Der ging durch, blieb aber plötzlich erschrocken stehen. Unterhalb des Stützbalkens hatte er einen Draht entdeckt. Ich weiß nicht, was er sich bei dem Draht gedacht hat. Wir sagten zu ihm, um ihn zu beruhigen: »Nur ein Radio.« Haben es angestellt. Nette Unterhaltungsmusik kam da raus. Dann ging er mir aber doch an die Kehle und wollte mich … Ich weiß nicht, was … Meine Mutter schrie schrecklich, meine spätere Frau auch. Da ließ er mich dann auch wieder los. Aber für uns begann jetzt die Zeit der Angst. Die haben sich natürlich die Frauen genommen. Meine Frau, die unübersehbar meinen späteren Sohn unterm Herzen trug, kroch einmal vor Angst mit ihrem dicken Bäuchlein unter ein Bett, kam dann aber allein nicht mehr raus, und wir mussten das Bett anheben, um sie zu befreien. Nein, angenehm war das alles nicht. Da spielte es auch keine Rolle, dass sie uns mal von ihrer wunderbar fetten Kohlsuppe was abgaben, sogar einen Schluck Wodka. Unsere Gefühle waren gemischt, sehr gemischt, jedenfalls nicht sehr angenehm. Man fühlte sich ihrer Willkür ausgeliefert. Aber den Eindruck, von dem Sie sprachen, hatte ich auch – das waren eigentlich arme Würstchen. Einer hat mal angesichts des fließenden Wassers bei uns in der Küche und im Klo in gebrochenem Deutsch gefragt: »Warum ihr Krieg?« Und es stimmt ja – wir waren im Vergleich zu denen so reich.

ENSIKAT: Von diesen Vergewaltigungen haben wir Kinder in Finsterwalde auch gehört. Immer wieder hörten wir von schlimmen Verbrechen der Russen oder der polnischen Fremdarbeiter, die sich jetzt an den Deutschen rächten. Selbst habe ich nichts davon erlebt. Es wurde damals aber sehr viel darüber gesprochen. Über deutsche Verbrechen habe ich kein Wort gehört. In meiner Erinnerung gab es in Finsterwalde ja auch plötzlich keine Nazis mehr.

BAHR: Ich wusste, dass es KZs gegeben hatte. Was dort passiert ist, die industrielle Menschenvernichtung, man konnte sich überhaupt nicht vorstellen, dass die Wehrmacht an solchen Verbrechen beteiligt war. Ich muss auch gestehen, dass ich in solchen Dimensionen damals gar nicht gedacht habe. Mein Gefühl nach dem 8. Mai war: Du hast es überstanden. Gesund. Hoffentlich kommt auch dein Vater bald zurück. Und dann wollte ich von Tegelort zurück nach Weißensee, nachsehen, wie es da in unserer Wohnung aussah, die zerbrochenen Fensterscheiben vielleicht durch Pappe ersetzen, was zum Heizen ranschaffen. Angesichts der Trümmerwüste war man ganz primitiv mit Überleben beschäftigt.

ENSIKAT: Ja, daran erinnere ich mich auch. Es ging nur ums Essen und im Winter ums Heizen. Ich erinnere mich, dass mein Bruder, der vier Jahre älter ist als ich, immer Kohlen klauen ging oder Kartoffeln. Meine Mutter wollte das nicht. Man klaut nicht! Wir hätten aber ohne zu klauen gar nicht überlebt.

BAHR: Ich auch nicht.

ENSIKAT: Meine Mutter hat dann natürlich die geklauten Kartoffeln gekocht, aber meinen Bruder dabei beschimpft, dass er sie geklaut hatte.

BAHR: Ich hatte kein Geld, nicht mal so viel, um das bisschen zu kaufen, was es auf Lebensmittelkarten gab. Weil ich dummerweise gedacht hatte: Reich zu

Ende, also auch Reichsmark zu Ende. Das war ein Irrtum. Dann dachte ich, ich könnte mit Schreiben was verdienen. Auch ein Irrtum. Die erste Zeitung, die in Berlin aufmachte, hieß »Tägliche Rundschau« und war das Organ der Roten Armee. Dahin wollte ich nicht. Die zweite Zeitung war die »Berliner Zeitung«. Die nannte sich eine »unabhängige deutsche Zeitung«. Hab ich gedacht, da gehst du mal hin. Ich bin auch hingegangen – von Weißensee nach Neukölln. Das war weit, ohne Verkehrsmittel. Man musste über zerstörte Brücken klettern. Also, das war zu Fuß ein Tagesausflug. Als ich da ankam, hab ich sofort gesehen, wie naiv ich war. Denn die Ersten, die mir da begegneten, waren natürlich Russen. Ein russischer Major war der Chef, ein Hauptmann sein Stellvertreter. Komischerweise war das dann bei den Amis und ihrer »Allgemeinen Zeitung« genauso. Der Chef Major, der zweite Hauptmann. Da habe ich dann angefangen zu arbeiten, als Reporter. Bei den Amis in Tempelhof habe ich das Handwerk gelernt. Wann, wer, wie, wo, was – das muss gleich im ersten Satz stehen. Als ich mal eine Meldung im Zweifingersystem in die Maschine tippte, guckte mir einer von ihnen über die Schulter und fragte: »Wollen Sie ›Krieg und Frieden‹ neu schreiben?« Eine unglaubliche Zeit. Wir hatten Hunger, haben gefroren und uns von Kultur ernährt. Denn nun brachten alle vier Besatzer das Beste, was sie hatten, nach Berlin. Es begann der Kampf um die Seelen der Deutschen.

Ensikat: Davon war leider in Finsterwalde wenig zu spüren. Da waren die Russen allein, klar. Natürlich drangen sie auch plötzlich in unseren Alltag ein. Wir mussten eines von unseren drei Zimmern untervermieten, und unsere Untermieterin, sozusagen ein »deutsches Fräulein«, hatte einen russischen Freund. Was meine Mutter natürlich auch verurteilte. Aber dieser russische Soldatenfreund, Pjotr hieß er, hatte einen großen Vorteil: Er mochte Kinder. Er hat uns Zucker mitgebracht. Würfelzucker! Eine absolute Köstlichkeit damals. Auch dank dieser Liebschaft unserer Untermieterin mit einem russischen Soldaten haben wir überlebt. So komische Geschichten gab es. Und dann gab es natürlich auch die Hilfe von Finsterwaldern, denen es etwas besser ging als uns. Die Hilfsbereitschaft war damals sehr groß. Meine Mutter, allein mit drei Kindern! Ich weiß nicht, ob wir in Berlin überlebt hätten. Das haben wir nur geschafft, weil uns die Nachbarn geholfen haben, obwohl sie selbst ganz wenig hatten.

Bahr: Ich verdanke mein Überleben erstens der Tatsache, dass ich bei den Amerikanern war, bei der »Allgemeinen Zeitung«, übrigens ein fabelhaftes Blatt. Gleich nach der ersten Nummer bekamen wir eine warme Mahlzeit, nicht doll, aber damals das Beste, was man haben konnte. Die Amis haben sehr darauf geachtet, dass man nichts mit rausnahm. Es sollte wirklich nur für die sein, die für sie arbeiteten. Der zweite Grund fürs Überleben war ein Onkel, der an die Stelle seines gefallenen Kameraden trat, der Bäckermeister gewesen war. Mein Onkel lernte also Bäcker, obwohl er eigentlich einen ganz anderen Beruf hatte. Von ihm bekamen wir ab und zu ein Brot, das wir dann auch mal gegen Koks tauschen konnten. Den schleppten wir die drei Treppen hoch am Schulenburgring in Tempelhof, kippten ihn auf den Fußboden und zerkleinerten ihn mit dem Hammer, damit er in den kleinen – wie hießen diese Öfchen damals?

ENSIKAT: Kanonenofen.

BAHR: Danke, damit er in den Kanonenofen passte. Das Rohr des Ofens war nicht lang genug. Ich hab also Ziegelsteine geklaut, auf die wir den Ofen gestellt haben, damit das Rohr bis ans Fenster reichte. Um zu überleben, brauchte man ja wenigstens einen Raum, in dem man sich ein bisschen aufwärmen konnte. Aber das alles war trotzdem nicht das Wichtigste. Noch wichtiger war, dass man wieder ins Theater gehen konnte, sehen durfte, was man nicht kannte. Wir haben die Kultur damals förmlich aufgesogen, wie Schwämme.

ENSIKAT: Meine Erinnerung an diese Nachkriegskindheit ist wesentlich bestimmt vom Hungern und vom Frieren. Trotzdem habe ich nicht das Gefühl, eine schlechte Kindheit gehabt zu haben. Das hängt natürlich mit meiner Mutter zusammen, weil sie uns Kindern viele Freiheiten gelassen hat. Wir durften manches, was andere nicht durften. Sie hatte ja auch kaum die Zeit, uns viel zu verbieten. Als Verkäuferin fing sie morgens um acht an und kam abends um acht zurück. Rings um Finsterwalde gibt es wunderbare Wälder. Da spielten wir Indianer. Etwas später wurde ich Pionier. Das war auch so eine Art Indianerspiel. Ich gehörte zu den ersten Pionieren in Finsterwalde. Wir waren eine Minderheit, fünf oder sechs, und wurden von den anderen verprügelt. Das schweißte uns natürlich zusammen. Bei aller Not, meine Kindheit war nicht unglücklich.

BAHR: Verstehe ich sehr gut. Diese Not hat man ja nicht immer gespürt.

ENSIKAT: Man kannte es nicht anders.

BAHR: Ja, man kannte es nicht anders. Meine nächste Erinnerung ist dann die Luftbrücke. Wir wohnten 1948 noch immer im Schulenburgring in Tempelhof, mit dem Kanonenöfchen. Das Geräusch der ein- und ausfliegenden Maschinen direkt über unserm Haus, das war Musik. Ich bin nachts aufgewacht, wenn mal eine Maschine ausfiel. Da fehlte plötzlich was. Als die Luftbrücke begann, wusste keiner, ob das funktionieren würde. Anfangs war das ganz unwirklich. Aber die Berliner, also die Westberliner, zeigten damals eine ungeheure Moral. Es war der Anfang der heroischen Zeit in Westberlin. Für die amerikanischen Zeitungen und Radiosender war das die erste positive Nachricht aus Deutschland: Deutsche riskierten etwas, um frei zu sein und zu bleiben. Mit anderen Worten: Die Deutschen waren nicht nur schlecht. Und für uns war es eine Frage des Stolzes. Die Sowjets hatten angeboten, dass jeder Westberliner, der in den Ostsektor kommt, sich dort versorgen lassen konnte mit Kartoffeln, Mehl und frischer Milch. Davon haben nur ganz wenige Gebrauch gemacht und sich lieber von Kartoffelmehl oder Milchpulver ernährt. Das war eine Frage des Stolzes. Ich habe dann viel später, in den siebziger Jahren, meinem sowjetischen Verhandlungspartner gesagt: »Ihr habt damals mit dem Einsatz der Hungerwaffe den Kampf um die Seelen der Deutschen verloren.« Da hat er genickt und gesagt: »Das stimmt. Aber die Amerikaner haben in derselben Zeit China verloren.« Stimmt auch. Selbst Amerika konnte sich nicht zwei solcher Luftbrücken leisten. Sie mussten entscheiden, Tschiang Kai-schek zu retten oder Berlin. Ich war, offen gestanden, sehr froh, dass die Amerikaner damals gesagt haben: »Europe first.«

* * *

BAHR: Dass das Verhältnis zwischen Amerikanern und Russen nicht so war, wie es dargestellt wurde, habe ich als Reporter der »Allgemeinen Zeitung« in Berlin sehr bald erlebt. Wir hatten die Weisung, keine Meldung und keine Meinung zu drucken, die die Russen übelnehmen könnten. Das heißt, es sollte keinen Zweifel geben: Die Anti-Hitler-Koalition stand!

ENSIKAT: Bis wann?

BAHR: Bis eines Tages ein Mensch aus Aue zu uns in die Redaktion kam und meldete, die Russen hätten dort Pechblende gefunden. Und diese Pechblende – das wussten wir auch – ist der Rohstoff für die Entwicklung der Atombombe. Ich ging zu meinem amerikanischen Chef und sagte ihm: »Wir haben eine Weltmeldung für morgen früh.« Er guckte sich das an und sagte nur: »Moment, das muss ich erst nach Washington melden, damit meine Leute Bescheid wissen, bevor die Russen erfahren, was wir wissen.« Und so geschah es. Der Mann aus Aue und ich bekamen je eine Stange Zigaretten. Aber nun war mir klar, dass es unter der Decke brodelte. Die unterschiedlichen Machtinteressen von Amerikanern und Sowjets waren offensichtlich. Ich dachte aber auch: Wenn die

Russen den Rohstoff für ihre Atombombe in der sowjetisch besetzten Zone finden, dann werden sie da so bald nicht mehr rausgehen. Die Sache mit der deutschen Einheit, an die ich glaubte, nachdem ich gelesen hatte, was im Potsdamer Abkommen stand, war in weite Ferne gerückt. Da hatte doch gestanden, dass wir als Einheit verwaltet werden sollten. Klar, die Gebiete östlich von Oder und Neiße waren verloren, damit musste man rechnen. Irgendwas musste ja bezahlt werden. Seit der Meldung von der Pechblende war mein Optimismus, was die Einheit betraf, nicht mehr so groß.

ENSIKAT: Was da in der Wismut gefördert wurde, davon hatten wir natürlich keine Ahnung. Diese ganze Wismut stand ja auch unter sowjetischer Verwaltung. Bei uns wurde erzählt, das wäre so eine Art Wild-Ost in Obersachsen. Da arbeiteten hauptsächlich Halbkriminelle. Die Zustände wurden als geradezu barbarisch beschrieben. Aber das waren ja alles nur Gerüchte. Eigentlich wussten wir nur, dass über die Wismut nicht geredet werden sollte. Auch die Differenzen zwischen Russen und Amerikanern wurden doch noch lange unter der Decke gehalten.

BAHR: Es wurde lange Zeit versucht, sie unter der Decke zu halten.

ENSIKAT: Die Russen hatten ja auch in der Ostzone, der SBZ, wie man das damals nannte, kaum Sympathien bei den Leuten. Gerade die Berlin-Blockade hat ihnen auch im Osten fast nur geschadet. Ich hatte Verwandte in Ost- und Westberlin. Soweit ich mich erinnern kann, waren sie damals alle gegen die Russen.

BAHR: Ja, das deckt sich auch mit meiner Erinnerung. Aber man muss sich ja vorstellen, dass Berlin seinerzeit noch eine Einheit war, auch wenn diese Einheit praktisch nach der Währungsreform 1948 nicht mehr existierte.

ENSIKAT: Die Währungsreform, das war der entscheidende Schritt.

BAHR: Interessant, am Anfang der Teilung und am Anfang der Einheit stand die Währung. Die unterschiedlichen Währungen haben dazu geführt, dass die Spaltung – noch gab es ja keine Mauer – vertieft wurde. Die DDR drohte – ich sag das jetzt mal übertrieben – ein Staat ohne Menschen zu werden. »Abstimmung mit den Füßen« nannte man das damals. Die gibt es heute auch noch, aber man nennt das jetzt nicht mehr so.

ENSIKAT: Ich weiß noch, dass ich damals oft und gern für zwanzig Pfennig mit der Ringbahn rund um Berlin gefahren bin. Was mich damals am meisten gewundert hat, war, dass es im Westen anders roch als im Osten.

BAHR: Stimmt.

ENSIKAT: Ich weiß nicht, woher das kam, aber es war so. Mit der Währungsumstellung wurden unsere Verwandten in Wilmersdorf und Friedenau überhaupt erst zu Westverwandten. Vorher waren wir alle gleich arm. Doch plötzlich konnten die mit ihrem neuen Geld Sachen kaufen, die es bei uns gar nicht gab. Von dem Moment an, wo die das Westgeld hatten, waren sie »was Besseres«. Ich erinnere mich, dass ich als Zehn- oder Elfjähriger mit dem Rad nach Berlin bis Rangsdorf fuhr und dann mit der S-Bahn weiter nach Friedenau oder Waidmannslust zu Verwandten. Da bekam ich dann Westschokolade und Kaugummis geschenkt oder diese berühmten Karamellbonbons, die es damals gab.

BAHR: Das kann aber erst später gewesen sein, nach dem Ende der Blockade.

ENSIKAT: Klar, vorher war ich ja noch zu klein, um mit dem Fahrrad so weit zu fahren.

BAHR: Ich weiß noch genau, wie ich während der Blockade ausgeflogen wurde, nach Hamburg – das war der erste Flug meines Lebens, in einem britischen Flugzeug, das Kohlen nach Berlin gebracht hatte. In Hamburg – ich sollte da eine norddeutsche Redaktion für den »Tagesspiegel« aufbauen – war ich plötzlich im Paradies. Es war hell, und in den Geschäften gab es alles, in den Restaurants lange Speisekarten, das kam mir wirklich ganz paradiesisch vor. Damals habe ich mir vorgenommen, du lässt nie wieder etwas auf dem Teller, lässt nie etwas zurückgehen. Hamburg war jedenfalls ein großes Erlebnis. In Berlin bekam man von den Ergebnissen der Währungsreform erst mit Verspätung etwas mit, fast ein Jahr danach.

ENSIKAT: Wenn ich dann – das war noch später – zu meinen Westtanten und -onkels kam, hörte ich immer Vorwürfe, dass meine Mutter mit uns Kindern im Osten, also bei den Russen, blieb. Ich glaube, es wäre fast Selbstmord gewesen, wenn meine alleinstehende Mutter mit uns drei Kindern nach Berlin – egal ob Ost oder West – gezogen wäre. Auf dem Lande beziehungsweise in der Kleinstadt lebte man sicherer, da wurde uns ja auch geholfen. Aber ich habe eine andere Frage: Wie haben Sie den Zusammenschluss oder die Zwangsvereinigung von KPD und SPD in Ostberlin erlebt, von dem wir in Finsterwalde erst mal gar nichts mitkriegten?

BAHR: Ich weiß nicht, ob ich damals den Ausspruch von Lenin schon kannte: »Wer Berlin hat, der hat Deutschland, und wer Deutschland hat, der hat Europa.« Jedenfalls war mir klar, dass das, was hier geschah, Bedeutung über die Grenzen der Stadt hinaus haben und von europäischer Tragweite sein würde. Der erste Politiker, den ich in Berlin näher kennenlernte, war Jakob Kaiser, einer der Begründer der CDU. Den habe ich ungeheuer geschätzt, weil er gegenüber den Westmächten wie gegenüber den Sowjets deutsche Interessen vertreten hat. Mit ihm habe ich oft gesprochen. Ich erinnere mich noch an eine Sonntagseinladung zum Mittagessen. Erbsensuppe gab es und anschließend noch einen Kognak als Nachtisch. Da habe ich zu ihm gesagt: »Sie müssen aufpassen, dass Sie in der Frage der Landreform den Sowjets gegenüber nicht zu nachgiebig sind.« Er hat geantwortet: »Das muss ich, denn ich muss mich als Vorsitzender der CDU in der sowjetischen Zone durchsetzen, um Adenauer, diesen Separatisten, zu verhindern. Deshalb habe ich mich mit ›Ochsen-Sepp‹ Müller von der Münchner CSU und Karl Arnold in Nordrhein-Westfalen zusammengetan. Wir wollen dafür sorgen, dass man spätestens zu Weihnachten von Adenauer nicht mehr spricht.« Das hat sich dann allerdings als Irrtum herausgestellt. Aber in diesem Zusammenhang hat er auch von Grotewohl gesprochen. Dem war ich schon begegnet. Als SPD-Vorsitzender hatte er mich als Reporter der »Allgemeinen Zeitung« gefragt, ob wir bereit wären, ihn in unserem Blatt in seinem schweren Abwehrkampf gegen die Kommunisten zu unterstützen. Das habe ich dann in der Redaktion erzählt und große Verlegenheit ausgelöst. Denn es war ja klar, dass eine von den Amerikanern gelenkte Zeitung nicht Partei ergreifen durfte, schon gar nicht, wenn es den Ostsektor oder gar die Ostzone betraf. Wir wurden dann aus der Verlegenheit erlöst, weil die »Allgemeine Zeitung« eingestellt wurde zugunsten der »Neuen Zeitung«, eines Blattes für die gesamte amerikanisch besetzte Zone. Der Hintergrund waren Überlegungen Grotewohls und einiger Leute von der CDU, ob man in Deutschland eine Labour-artige Partei gründen sollte, die das, was später SPD und CDU wurden, zusammenbringen könnte. Aber diese Beratungen platzten, als Ulbricht nach seiner Rückkehr die KPD gegründet hatte. Da wurde Grotewohl nervös, weil er sich sagte, dass die Arbeiterschaft eine Partei brauchte, deren Namen ihr etwas sagte, mit dem sie etwas anfangen konnte. So gründete er die SPD. Damit geriet er in ein Spannungsverhältnis zu Schumacher, weil er – Grotewohl – selbstverständlich den Anspruch erhob, dass die Reichsleitung in Berlin säße. Man sprach damals noch ungeniert vom »Reich«. Kurt Schumacher dagegen vertrat die Auffassung, dass er als derjenige, der für die Westzonen sprach, denselben Anspruch hatte. Außerdem meinte er, dass man ja nicht wissen könne, wie weit Grotewohl unter sowjetischem Einfluss stehe. Für mich ist Grotewohl eine tragische Figur. Er wollte natürlich die Reichseinheit erhalten, denn er wusste, wenn die Partei erst mal gespalten ist, dann wird auch die Spaltung des Landes nicht aufzuhalten sein. Jakob Kaiser bestätigte meine Meinung über den Mann und fügte hinzu: »Der ist eines Tages nach Karlshorst bestellt worden, wo die sowjetischen Spitzen saßen, und ist als ein Verwandelter zurückgekommen.« Was da passiert ist, ob man versucht hat, ihn zu erpressen, ob er erpressbar war wegen seiner Vergangenheit in Braunschweig – das alles weiß ich nicht. Jedenfalls hatte Grotewohl seit November 1945 begriffen, dass er sich nicht durchsetzen würde. Halb zog es ihn, halb sank er hin – und so kam es dann zur Vereinigung von KPD und SPD. Das war natürlich eine Zwangsvereinigung, weil viele in der SPD »Nein« gesagt hatten, manche allerdings auch »Ja«. Ich war dann im Admiralspalast als Journalist bei dem berühmten Händedruck zwischen Grotewohl und Pieck anwesend. Zum Andenken an diesen denkwürdigen Tag bekam ich den »Kurzer Lehrgang der KPdSU in Klammern

B« geschenkt. Den habe ich heute noch. Mit dieser Vereinigung war jedenfalls eine Entscheidung getroffen, die in ihrer Bedeutung weit über Berlin hinausging und zur parteipolitischen Trennung zwischen Kommunisten und Sozialdemokraten führte.

ENSIKAT: Bei mir in der Familie hat das mit der Vereinigung von Kommunisten und Sozialdemokraten nie geklappt. Der eine Zweig, mein Großvater in Biesdorf, war Kommunist, der andere Zweig, der in Schöneweide wohnte, war sozialdemokratisch. Allerdings muss man wissen, dass mein Großvater bis 1931 oder 32 auch in der SPD war, dann aber zur KPD übertrat und ein paar Jahre später, um 1934 oder 35, Mitglied der NSDAP wurde, um dann 1945 postwendend wieder Kommunist zu werden und bis zu seinem Tod SED-Genosse zu bleiben. Die Sozialdemokraten in Schöneweide blieben in der Ost-SPD, bis die sich 1961 nach dem Mauerbau selbst auflöste. Ich höre heute noch meine Mutter zu uns Kindern sagen: »Werdet bloß nicht wie euer Großvater!« Was sie damit meinte, war klar. Damit war jedenfalls ausgeschlossen, dass einer von uns in die Partei eintrat.

BAHR: In Ihrer Familie gab es jedenfalls ein sehr deutsches Parteileben.

ENSIKAT: Es war ja auch so, dass ich nicht zu den Sozialdemokraten nach Schöneweide durfte, wenn ich bei meinem Großvater in Biesdorf zu Besuch war. Und wenn ich bei der SPD in Schöneweide war, durfte ich nicht ins kommunistische Biesdorf. Damals, als es die Ost-SPD noch gab, hatte sie auch eine Zeitung,

»Vorwärts« hieß die, glaube ich. Die durfte man zwar haben, aber nicht verteilen. Das haben wir Kinder dann heimlich gemacht, wir trugen sie versteckt im Anorak, sind damit in die Häuser gegangen und haben sie in die Briefkästen gesteckt. Die paar widerspenstigen SPD-Genossen in Schöneweide kannten sich natürlich, und wir wussten, wo sie wohnten.

Bahr: Dass das nicht schnell gehen würde mit der Einheit, wusste man schon lange. Ich hatte damals auch Angst vor einem neuen Krieg. Schließlich wusste ich, dass wir, wenn es dazu käme, gar nicht gefragt werden würden. Das bestimmten ganz andere. Von Souveränität konnte gar keine Rede sein. Als das Grundgesetz entstand, noch vor der Staatsgründung der Bundesrepublik, war völlig klar, Soldaten kamen da nicht vor. Es war ja nicht vorgesehen, dass die Deutschen wieder bewaffnet werden. Und wir haben auch nicht danach gedrängt, ja, wir wollten davon gar nichts wissen. Das hat sich erst in dem Augenblick geändert, als die Korea-Krise ausbrach. Da entstand der Eindruck, dass die 1949 gegründete NATO in ihrer konventionellen Abwehrfähigkeit gar nicht glaubwürdig ist, wenn es auf westdeutscher Seite keine Soldaten gäbe. Also drängte man jetzt – und Adenauer drängte besonders – auf die Wiederbewaffnung, also die Gründung der Bundeswehr. Dazu musste das Grundgesetz geändert werden. Als der entsprechende Paragraph ausgearbeitet war, kamen die Amerikaner. Das Grundgesetz war ja von den Westmächten genehmigt und ist übrigens vom deutschen Volk bis heute nie bestätigt worden ... Also, die Amerikaner kamen und sagten: »Wir glauben euch zwar, dass ihr gute Menschen seid und nichts Böses wollt. Aber wir möchten, dass im Grundgesetz ausdrücklich steht, dass sich die Bundesrepublik an keinem Angriffskrieg oder an der Vorbereitung eines solchen Krieges beteiligt. Dieser Artikel 26 wurde selbstverständlich ohne Diskussion akzeptiert. Und als bei der deutschen Vereinigung aus dem Grundgesetz die Verfassung wurde, übernahm man diesen Artikel abermals ohne jede Diskussion. Denn wir konnten uns gar nicht vorstellen, dass unsere wichtigsten Verbündeten, die Amerikaner, einmal einen Angriffskrieg führen würden, also einen Krieg ohne das Mandat der Vereinten Nationen – im Irak. Bis heute steht dieser Artikel drin, und das bedeutet praktisch, dass niemand, kein Kanzler, keine Kanzlerin diesen Artikel verletzen darf. Auch wenn die Amerikaner noch mal aus eigenem Recht, das sie sich selbst geben, sagen: »Wir erklären einen Präventivkrieg gegen welchen Staat auch immer.« Wir dürfen gar nicht zu den »Willigen« gehören. Wir dürfen, können, wollen uns an so einem Krieg nicht beteiligen.

ENSIKAT: Neben dem Hunger und der Not in der Nachkriegszeit erinnere ich mich an die Angst vor einem neuen Krieg, die furchtbare Angst, es könnte wieder losgehen. Und als dann die Bundesrepublik gegründet wurde, begannen wir zu fürchten, dass der Westen uns ganz aufgeben würde. Dieses Gefühl wurde immer stärker. Adenauer als Separatist, das war uns durchaus ein Begriff. Die Gründung der DDR war für uns dann eher unerheblich.

BAHR: Ach?

ENSIKAT: Ja, das ist etwas ... Ich kann wirklich nur für mich sprechen und über das, was ich in meiner Umgebung wahrnahm. Wir guckten ja immer viel mehr nach dem Westen. Ich kannte alle Minister im Westen, alle wichtigen Politiker. Die Politbüromitglieder im Osten kannte ich kaum beim Namen. Wir waren ganz stark auf den Westen fixiert. Der Radiosender, den wir zu Hause hörten, war der RIAS. Von Onkel Tobias bis Egon Bahr oder Friedrich Luft. Der RIAS prägte unser Bild von der Welt. In der Schule lernten wir etwas ganz anderes. Aber wir haben dem RIAS geglaubt, auch da, wo er Kalten Krieg geführt hat, und das hat er doch getan – oder?

BAHR: Herr Ensikat, erstens – Ihr Gefühl entsprach dem Gefühl von Jakob Kaiser und meinem eigenen. Es war die Sorge, dass sich der Westen, die westdeutsche Bevölkerung, geistig nach Westen wandte und dem Osten den Rücken zukehrte. Das war unsere große Angst, und die führte dann übrigens auch zur Gründung dieser Organisation »Unteilbares Deutschland«, um dem entgegenzuwirken. Andererseits haben Sie, hat die ostdeutsche Bevölkerung wie die Westdeutschen nach Westen geguckt. Unsere Blicke haben sich nie getroffen. Da begann die mentale Auseinanderentwicklung, die wir noch heute spüren. Was den RIAS angeht, bei dem ich seit 1950 arbeitete – natürlich war der Sender ein Kalter Krieger. Das konnte gar nicht anders sein. Wir fühlten uns bedroht. Ich hab auch heute nicht den geringsten Zweifel, wenn es denn ohne Risiko gegangen wäre, hätte die DDR Westberlin kassiert. Es war doch eigentlich unerträglich, diesen leuchtenden Stern mitten auf dem eigenen Gebiet zu haben. Später bin ich bei den Verhandlungen mit der DDR die Linden entlanggegangen und habe abends gesehen, wie der Himmel jenseits des Brandenburger Tores leuchtete. Für Ostdeutsche muss das so gewesen sein, wie wir uns unmittelbar nach dem Krieg die Schweiz vorgestellt hatten – ein Paradies. Hell leuchtend und reich.

* * *

BAHR: Im Juni 1953 war ich Chefredakteur beim RIAS und habe natürlich die Meldungen am 16. Juni aus Ostberlin genau verfolgt. Die besagten, dass die Bauarbeiter von der Stalinallee ungehindert bis zum Haus der Ministerien marschiert waren. Die Volkspolizei konnte sich wohl gar nicht vorstellen, dass es eine ungenehmigte Demonstration geben könnte. Die Sache hatte begonnen mit der Losung »Nieder mit den erhöhten Normen!« und endete in der Leipziger Straße mit der Forderung nach freien Wahlen. Der Umschlag von den Lohnforderungen ins Politische war damit schon erfolgt. Der dritte Schritt wäre auch fast möglich gewesen, nämlich dass die bewaffnete Macht auf die Seite des Volkes übergegangen wäre, um Revolution zu machen. Das heißt, ohne das Eingreifen der sowjetischen Streitkräfte, ohne die am 17. Juni rollenden Panzer hätten wir möglicherweise schon damals die Einheit bekommen. Am Nachmittag des 16. Juni kamen Leute von der Streikleitung in mein Büro im RIAS und forderten uns auf, zum Aufstand in der Zone aufzurufen. Das durfte natürlich ein amerikanischer Sender überhaupt nicht. Das konnte ich den Leuten aber nicht so sagen und fragte dann:

»Welche Forderungen habt ihr denn eigentlich?« Vorher hatte ich schon gefragt, ob es irgendwelche organisatorischen Vorbereitungen gäbe, Verbindungen, Kontakte, Strukturen. Gab es aber nicht. Sie meinten: »Das brauchen wir nicht, das geschieht von allein.« Das glaubte ich nun wiederum nicht. Dann haben wir uns hingesetzt, uns ihre Forderungen angehört und in fünf oder sechs Punkten formuliert und aufgeschrieben. Ich versprach, diese Punkte zu senden. Daraufhin gingen sie, nicht ganz, aber doch einigermaßen befriedigt. Wir haben das gesendet, und das war es dann zunächst einmal. Erst Tage später stellten wir fest, dass genau diese Forderungen im Wortlaut und in der Reihenfolge in der ganzen sowjetisch besetzten Zone benutzt worden waren. Das heißt, der RIAS wurde, ohne es zu wissen und zu wollen, zum Katalysator des Aufstandes.

ENSIKAT: Das deckt sich genau mit dem, was ich am 17. Juni in Finsterwalde erlebt habe. Da gab es allgemeine Unzufriedenheit. Es ging um die Normen, auch um Preiserhöhungen. Aber der Aufstand, der Streik begann in den drei großen Finsterwalder Betrieben – FIMAG, Schraubenfabrik und Kjellberg –, erst nachdem diese Meldungen über den RIAS gelaufen waren.

BAHR: Die Nacht vom 16. zum 17. Juni verbrachten wir natürlich im Sender. Ein Amerikaner, der rübergefahren war, bestätigte uns dann: Im Ostsektor summt es. Der damalige Berlin-Bevollmächtigte der Bundesregierung Vockel hatte die Chefredakteure von allen

Sendern und Zeitungen zu sich bestellt. Aber bevor ich dahin gehen konnte, kam unser Nachrichtenchef mit der Meldung: »Adenauer hat erklärt, das alles ist eine Provokation der Russen.« Ich habe verboten, das zu senden. Schließlich wollten wir den Mann doch nicht lächerlich machen. Auch Vockel hatte versucht, in Bonn zu intervenieren. Aber vergeblich. Ich hab dann mit Globke telefoniert. Der hat das dann eingesehen und die Meldung zurückziehen lassen. So fern war man damals in Bonn von der Berliner Wirklichkeit. Die Sitzung bei Vockel flog schließlich auf, weil die Meldung kam, dass die Stahlwerker aus Hennigsdorf auf dem Marsch nach Berlin seien. Jeder ging auf seine Kommandostelle zurück, und wenig später wurde der Ausnahmezustand verkündet. Der RIAS hat sofort reagiert und gemeldet: »Den Weisungen der Besatzungsmacht ist Folge zu leisten.« Das war der 17. Juni.

ENSIKAT: Bei uns galten diese Ereignisse als reine Provokation des Westens. Das waren keine Stahlarbeiter aus Hennigsdorf, das war nur der RIAS, der hat den ganzen Aufstand allein gemacht.

BAHR: Es war, glaube ich, das erste Mal in der Geschichte, dass sich zeigte, ein elektronisches Medium ist in der Lage, innerhalb von Stunden eine Veränderung der politischen Situation herbeizuführen. Das hatte es bis dahin nicht gegeben. Zeitungen zu drucken und zu verteilen, das dauert sehr lange. Wenn Sie sich überlegen, dass in der heutigen medialen Welt in kürzester Zeit jeder alles wissen kann, alles erfährt, was irgendwo auf der Welt passiert, dann ist das eine ganz neue Lage. Damals geschah so etwas zum ersten Mal.

Ensikat: Auch 1989/90, die sogenannte Wende, wäre ohne die Medien wohl nicht zustande gekommen.

Bahr: Glaube ich auch. Aber jetzt sind wir zu weit vorangeschritten. Noch mal zum 17. Juni. Da habe ich zum ersten Mal erlebt, dass mir der amerikanische Direktor des RIAS einen Befehl gab. Nachdem wir zwei, drei Mal den Aufruf der Streikleitung gesendet hatten, kam er mit bebendem Bärtchen zu mir und befahl, dass das sofort zu unterbleiben hätte. Der amerikanische Hochkommissar hatte angerufen und gefragt, ob der RIAS den dritten Weltkrieg beginnen wolle. Die hatten nämlich Angst, die russischen Panzer, wenn sie denn eingesetzt würden, könnten weiter rollen, und die ganze Sache würde aus dem Ruder laufen. Schon damals also galt das Status-quo-Denken, das dann später alles bestimmt hat.

Ich verbinde übrigens mit den fünfziger Jahren auch meinen ersten Versuch, der SPD beizutreten. Kurt Schumacher wehrte ihn ab mit den Worten: »Junger Mann, es ist besser, Sie werden uns nicht zugerechnet bei diesem Quotendenken.« Nach seinem Tod habe ich ein paar Jahre später zu Willy Brandt gesagt: »Ich würde gern Mitglied Ihrer Partei werden.« Da sagte er: »Sie machen sich ganz falsche Vorstellungen, was man von innen bewirken kann. Unter Umständen richten Sie von außen mehr aus.« Also wieder nichts. Dann kam 1956 der Ungarn-Aufstand.

Ollenhauer hatte sich dazu sehr ungeschickt geäußert, die SPD bekam bei der Wahl eins auf den Hut, und die CDU gewann die absolute Mehrheit. Da sagte ich zu Brandt: »Jetzt *will* ich in die Partei eintreten.« Und er antwortete: »Wem nicht zu raten ist, dem ist auch nicht zu helfen.« So wurde ich Mitglied der SPD, blieb noch bis 1959 im RIAS und zog Ende Januar 1960 ins Schöneberger Rathaus ein. Brandt hatte mich nämlich eines Morgens in der Lobby des Bundestages gefragt – er bekam dabei kaum die Zähne auseinander –, ob ich nicht Leiter seines Presseamtes werden wollte. Und da hab ich genauso lange wie jetzt gebraucht, um »Ja« zu sagen. So zog ich noch im Januar 1960 ins Schöneberger Rathaus.

ENSIKAT: Ich hatte Ende der fünfziger Jahre nur einen Wunsch, ich wollte genau das werden, was Sie damals waren – Journalist. Das hat meine Mutter verhindert. Sie legte mir die Zeitung hin, die wir damals abonniert hatten, und fragte: »Willst du so was mal schreiben?« Es war die »Lausitzer Rundschau«, eine Art Spätausgabe des Parteiorgans »Neues Deutschland«. Was montags im ND stand, konnte man dienstags in der »Lausitzer Rundschau« lesen. Da war mir klar, das wollte ich nicht. So wurde ich aus lauter Hilflosigkeit Schauspieler. Ich bewarb mich bei der Leipziger Theaterhochschule, bestand alle drei Prüfungen und wurde erstaunlicherweise angenommen. Damals fand ich die DDR besser als die Bundesrepublik, weil bei uns das bessere Theater gemacht wurde. Denken Sie an Brecht, an Felsenstein. So etwas hätte es damals in der Bundesrepublik gar nicht geben können. Zu der Zeit glaubte ich ja auch, mit Theater, also mit Kunst, könne man die Welt verändern. Ich denke, so was muss man irgendwann mal glauben.

Bahr: Natürlich!

Ensikat: Ich habe das relativ lange geglaubt. Dann kam hinzu, dass unser Studentenkabarett in Leipzig, der »Rat der Spötter«, verboten wurde. Das steigerte unsere Bedeutung ins Unermessliche. Wenn man verboten werden muss, dann richtet man doch was aus. Das Ganze war für mich nicht etwa ein Grund zu resignieren, im Gegenteil.

Bahr: Zum einen muss Ihre Mutter eine sehr kluge Frau gewesen sein. Dank ihrer sind Sie nicht Journalist geworden. Zum andern habe ich natürlich auch geglaubt, ich kann mit Schreiben die Welt verbessern. Erst nachdem ich lange genug geschrieben und geredet hatte, ohne dass die Welt besser wurde, dachte ich: Dann musst du versuchen, durch Handeln etwas zu bewirken. Das konnte man übrigens auch, wenngleich nicht so, wie ich es mir vorgestellt hatte.

Ensikat: Na ja, immerhin, was Sie dann mit der neuen Ostpolitik angefangen haben, das war für uns in der DDR ungeheuer wichtig. Wenn Adenauer von »Deutschland, einig Vaterland« sprach, dann wussten wir, er log, er meinte das nicht so. Und jetzt erlebten wir mit dieser »Politik der kleinen Schritte« – so hieß das doch? – wirklich einen Wandel durch Annäherung. Wir wurden endlich nicht mehr als Bewohner eines Zoos betrachtet, sondern ernst genommen. Jetzt wurde etwas getan, damit wir wirklich zusammenkamen, und nicht nur in schönen Reden von einem fernen Ziel gesprochen, an das keiner mehr glaubte. Das erste Passierscheinabkommen war für uns so wichtig, da sah ich meine Tante Rose aus Friedenau wieder. Man kann natürlich sagen, was brauche ich meine Tante Rose aus Friedenau? Doch, ich brauchte dieses Wiedersehen, auch wenn wir uns gar nicht so gut verstanden haben.

BAHR: Ich konnte meine Tante in Köpenick besuchen.

ENSIKAT: Wenn wir Tante Rose in Friedenau und Tante Elli in Köpenick besuchen konnten …

BAHR: Tante Wally in Köpenick …

ENSIKAT: Na gut, Tante Wally … dann teilt sich auch Politik den Menschen wirklich mit. Das war für mich das erste Mal, dass ich das Gefühl hatte, hier geschieht jetzt etwas, das mich angeht, ich werde wahrgenommen. 1972 war übrigens der einzige Moment – das Misstrauensvotum gegen Brandt –, in dem ich wirklich bedauert habe, nicht in der Bundesrepublik zu leben. Denn damals wäre ich sofort in die SPD eingetreten. Ich wäre aus anderen Gründen später wieder ausgetreten, aber in diesem Moment meinte ich, das ist etwas, wozu man sich einfach bekennen muss.

BAHR: Herr Ensikat, Sie wissen wahrscheinlich nicht, dass das Echo in der ostdeutschen Bevölkerung für mich und mein eigenes Tun ein ganz wichtiger Antrieb war, nicht nur weiterzumachen, sondern die Anschuldigungen während dieses Misstrauensvotums, man sei ein Vaterlandsverräter, abprallen zu lassen.

Es war trotzdem bitter, klar. Aber das Gefühl, dass die Leute, für die man etwas zu tun versucht, das auch richtig verstehen, war eine ungeheure moralische Stärkung. Aber wir müssen noch mal zurück.

In der Zeit, von der wir eigentlich erstmal reden wollten, in den fünfziger Jahren, hatte es sich ergeben, dass es einen Adenauer in Bonn und einen Ulbricht in Ostberlin gab. Da haben beide Seiten zur selben Zeit zwei Leute hervorgebracht, die ihrer jeweiligen Umgebung enorm überlegen waren. Sie waren wirklich die geschicktesten, fähigsten und taktisch versiertesten. Adenauer war dem Schumacher taktisch überlegen. Das hatte ich mit Jakob Kaiser schon erlebt. Was da in Bonn passiert war, brachte mich zu der Überzeugung: die Einzigen, die wirklich für die deutsche Einheit sind und sie als vordringlich betrachten, sind die Sozialdemokraten. Ich wurde sozialdemokratisch geneigt nicht wegen der Vergesellschaftung der Banken, sondern wegen der sozialdemokratischen Haltung zur deutschen Einheit. Umgekehrt haben wir natürlich gesehen, dass Ulbricht dasselbe Prinzip wie Adenauer verfolgte – ob er es gesagt oder gedacht hat, weiß ich nicht: »Lieber das halbe Deutschland ganz als das ganze halb.« Und sie wurden immer nervös, alle beide, wenn die Gefahr bestand, dass es vielleicht noch zu einer Einigung kommen könnte. Denn natürlich hat Stalin mit seiner Note 1952 die DDR im Prinzip zur Disposition gestellt. Adenauer hat diese Note zurückgewiesen, bevor die Westmächte darüber unter Umständen hätten verhandeln können. Die beiden – Ulbricht und Adenauer – entsprachen einander.

ENSIKAT: Ich fürchte, das stimmt. Ulbricht hätte ja in einem vereinigten Deutschland gar keine Chance gehabt. Dass bei uns dann ewig lange noch die Losung wiederholt wurde: »Deutsche an einen Tisch!«, war doch ein Trick. Das konnten die nur sagen, weil sie sicher waren, dass die andere Seite das auch nicht wollte.

BAHR: Das hat mir Michael Kohl, der DDR-Unterhändler, mit dem ich viele Jahre später verhandelt habe, noch mal bestätigt: »Wir konnten alles vorschlagen. Wir wussten, Bonn würde es ablehnen.«

ENSIKAT: Und nicht nur Bonn. Von dem Franzosen François Mauriac gibt es doch diesen schönen Ausspruch: »Ich liebe Deutschland so sehr, dass ich froh bin, dass es zwei davon gibt.« Ich glaube, so war die Haltung im Westen, und die hatte natürlich mit der Angst vor einem wiedervereinten Deutschland zu tun.

BAHR: Es kann gar keinen Zweifel geben, dass die Angst vor einem Krieg in Europa bei einer solchen Weiterentwicklung der Waffentechnik auf beiden Seiten so groß geworden war, dass man in Washington wie in Moskau, in London und Paris sowieso, zu der Erkenntnis gekommen war, das Beste, was uns passieren kann, ist die Erhaltung des Status quo. Dazu gehörte die Teilung Berlins, die Teilung Deutschlands, die Teilung Europas. Das haben wir ja 1961 erlebt, als die Mauer gebaut wurde.

ENSIKAT: Umso ärgerlicher war für uns dieses ewige Gerede von der deutschen Einheit. Diese Sonntagsreden, die auch Adenauer oft gehalten hat. Wir merkten schon lange, dass das nur Gerede war, und fühlten uns aufgegeben. Das führte dann natürlich auch dazu, dass man sich irgendwann mit der DDR nicht nur abfand, sondern sich mit ihr arrangierte.

BAHR: Die Bundesbürger fühlten sich natürlich ganz und gar nicht aufgegeben, sie lebten, nachdem sie einmal gebaut worden war, sogar im Schutz dieser Mauer. Denn nun war völlig klar: die Teilung bleibt. Weder die Sowjetunion oder die DDR noch die Westmächte wollten an diesem Status quo rütteln. Wir bekamen von den drei Mächten die Weisung, die Westberliner Polizei zum Schutz der Mauer einzusetzen. Sie können sich vorstellen, das war ziemlich bitter. Und natürlich haben wir auch realisiert, dass die drei hochmögenden Mächte mit ihren unkündbaren Rechten in ganz Berlin die Weisungen eines DDR-Innenministers Karl Maron befolgten und nur noch die von ihm zugelassenen drei Übergänge benutzten. Bald war es sogar nur noch einer, der Checkpoint Charlie. Das führte dann dazu, dass wir im Schöneberger Rathaus zu dem Ergebnis kamen: Da uns kein Mensch hilft, die Mauer wegzuschaffen, müssen wir überlegen, was wir selbst mit unseren geringen Kräften und Kompetenzen tun können, um vielleicht ein kleines Loch in die Mauer zu bohren, um die Leute wenigstens für Stunden wieder zusammenzubringen. Das wurde dann die Sache mit dem Passierscheinabkommen und war schließlich der Beginn dessen, was später »Neue Ostpolitik« genannt wurde. Das verlangte natürlich einen Tabubruch. Wir mussten mit den »Gefängniswärtern«, mit denen, die die Mauer dicht gemacht hatten und ein ganzes Volk einsperrten, verhandeln. Die Frage, ob man das dürfe, war dann der Beginn großer emotionaler Auseinandersetzungen in der Bundesrepublik. »Die Wunde muss offen bleiben«, hat der damalige Berliner CDU-Vorsitzende Franz Amrehn gesagt. Aber Brandt war der Auffassung, die ganze Politik solle sich zum Teufel scheren, wenn sie nicht den Menschen hilft. Das war die Auseinandersetzung. Damit veränderte sich die politische Landschaft in Deutschland, ausgelöst seltsamerweise durch diesen schrecklichen Bau, die Mauer.

ENSIKAT: Um noch mal auf den 13. August 1961 zurückzukommen: Ich lag damals im Krankenhaus, und ein Freund, der mich besuchte, sagte nur kurz: »Berlin ist zu.« Das habe ich nicht als Katastrophe empfunden. Erstens weil ich dachte, das bleibt nicht lange so. Ich konnte mir überhaupt nicht vorstellen, dass man Berlin mit einer Mauer teilen könnte. So wie man sich später kaum noch vorstellen konnte, wie ein Berlin ohne Mauer aussieht. Damals dachten wir, die DDR blutet ökonomisch aus. Es gingen ja die Facharbeiter, die Mediziner, es ging jeder rüber, der dort bessere Chancen hatte. Es waren ökonomische Gründe, die die DDR zum Bau dieser furchtbaren Mauer gebracht hatte. Außerdem dachten wir: Gut, jetzt sind wir unter uns, jetzt können wir endlich offen über unsere Probleme reden. Wir meinten damals, wenn dieser Zaun da ist, dann wäre innerhalb unseres Zoos mehr Freiheit möglich.

BAHR: Ihr hättet Reformen machen können.

ENSIKAT: Ja, das dachten wir auch. Aber davon war gar keine Rede. Wir erlebten genau das Gegenteil von dem, was wir erhofft hatten. Das Kabarettverbot in Leipzig und die Inhaftierung der meisten Beteiligten waren ja nur kleine Beispiele. Jetzt wurden allen, die leise aufbegehrten, erst recht die Instrumente gezeigt. Jetzt konnten wir nicht mehr weg. Statt mit wirklichen Reformen zu beginnen, zeigte man uns, wer die Macht hat. Unsere Rettung waren auch in dieser Zeit die westlichen Medien. Die DDR war ja eine relativ harmlose Diktatur. Relativ! Das musste sie bleiben, weil es mittendrin dieses Westberlin gab mit seinen Rundfunk- und später auch noch Fernsehsendern. Die ganze DDR stand sozusagen immer unter Beobachtung. Aber wenn ich Sie richtig verstanden habe, dann war ausgerechnet die Mauer der Ausgangspunkt für diese Politik der kleinen Schritte, zum Wandel durch Annäherung?

BAHR: Ja, der Ausgangspunkt war in der Tat die Mauer. Da begann das Umdenken. Brandt hatte eine tolle Rede ausgearbeitet, wir hatten beide daran gearbeitet, mehrfach hin und her geschoben. Er wollte auf der Akademie in Tutzing sein neues außen- und deutschlandpolitisches Konzept vorstellen. Die Rede liest sich heute noch fabelhaft. Dann rief der Direktor der Akademie an und meinte, ich solle mich auch auf einen kleinen Beitrag vorbereiten. Ich wusste aber gar nicht, was ich da noch sagen sollte, bis ich auf die Idee kam, mich auf einen Punkt in der Rede von Brandt zu beziehen und zu exemplifizieren, was das alles für das Verhältnis der beiden deutschen Staaten bedeutete. Das habe ich runterdiktiert, und das hieß dann »Wandel durch Annäherung«. Unterwegs während des Fluges habe ich Brandt den Text gezeigt. Er sagte: »Ja, ist alles in Ordnung.«

Doch wir waren mit unserem Denken viel weiter als die Öffentlichkeit und haben überhaupt nicht geahnt, dass das wie eine Bombe einschlagen würde. Wenn Brandt nicht seine Hand über mich gehalten hätte, wäre ich wieder Journalist geworden und hätte viel mehr Geld verdient und … Aber gut, egal. Wir hatten ja noch gar kein Konzept. »Wandel durch Annäherung« war ja nur die Formel dafür, sich dem Osten zuzuwenden. Wir wollten doch etwas vom Osten, also mussten wir es auch mit denen zusammen versuchen. Erst im Planungsstab des Auswärtigen Amtes ist dann daraus nach allen Regeln der Kunst ein Konzept entstanden, aus dem die Ost- und Entspannungspolitik wurde.

ENSIKAT: Der DDR-Außenminister Winzer nannte diesen Wandel durch Annäherung damals doch ziemlich zutreffend »Aggression auf Filzlatschen«.

BAHR: Ich war sauer, weil das stimmte. Aber Brandt hat gesagt: »Halt's Maul! Wenn du darauf polemisch eingehst, machst du es nur noch schlimmer.« Also haben wir das geschluckt.

* * *

ENSIKAT: Meine wesentlichste Erinnerung an das Jahr 1953 ist neben der an den 17. Juni die an Stalins Tod. Ich weiß noch genau, ich lag gerade zu Hause auf dem Sofa und las Karl May. Ob Winnetou eins, zwei oder drei, weiß ich nicht mehr. Ich hatte das Radio an, einen Ostsender. Plötzlich ertönte eine furchtbare Trauermusik, und eine Stimme verkündete salbungsvoll, dass der große weise Führer und Vater aller Werktätigen gestorben sei. Ich hab die Lektüre kurz unterbrochen, dann aber einfach weitergelesen.

BAHR: Ich hab natürlich eine ganz andere Erinnerung. Karl May hatte ich ja schon hinter mir. Als die Nachricht von Stalins Tod kam, dachte ich, das war ein Abschnitt der Weltgeschichte, nicht nur der Geschichte der Sowjetunion. Und nun mal sehen, was kommt. Das war ein Unsicherheitsfaktor. Da war überhaupt keine Trauer, wie man dann auch in Moskau gesehen hat. Für mich war im Jahr 1953 nicht weniger einschneidend, dass Ernst Reuter im Herbst starb. Die Bevölkerung reagierte mit echter Trauer, stellte Kerzen ins Fenster. Ich habe als Chefredakteur sofort das Programm ändern und den letzten Satz der 6. Sinfonie von Tschaikowsky spielen lassen.

Weil ich wusste, was das für eine Trauermusik ist, und weil ich auch wusste, mit welcher inneren Verbundenheit Reuter zu Russland stand. Dafür wurde ich dann angegriffen. Wie man zum Tode dieses Freiheitshelden – »Völker der Erde, schaut auf diese Stadt!« – russische Musik spielen kann?! Das war die Praxis im Kalten Krieg!

ENSIKAT: Ja, der Kalte Krieg wurde auf beiden Seiten mit vergleichbarem intellektuellem Anspruch geführt.

BAHR: Ja, von beiden Seiten! Manche im Westen denken, nur ihr habt Kalten Krieg geführt. Nein, wir auch.

ENSIKAT: Und wie. Der Kalte Krieg hat uns vereint.

BAHR: Vom XX. Parteitag 1956 haben wir zunächst nur wenig Kenntnis genommen. Langsam sickerte etwas durch von Chruschtschows Rede über Stalin und den Personenkult. Aber das dauerte. Zunächst dachte man, der Aufstand in Ungarn ist ungleich wichtiger. War es auch. Denn in Ungarn zeigte sich das weltpolitische Zusammenspiel von Moskau und Washington, nachdem Engländer und Franzosen am Suezkanal gelandet waren. Da haben beide Großmächte gesagt: Schluss! Die Sache wird zu gefährlich. Und auf diesem Hintergrund hat dann auch Ungarn stattgefunden. Ich habe heute noch im Ohr, wie der ungarische Oberst über den Rundfunk gerufen hat: »Helft uns! Helft uns! Helft uns!« Und wir konnten nicht helfen, durften es nicht. Selbst wenn wir gedurft hätten, wir hätten nicht helfen können. Das war für Brandt wie für mich der Punkt, der sich wiederholte –

erst der 17. Juni 1953, dann Budapest 1956 und schließlich Prag 1968. Von außen konnten wir gar nichts machen. Wir konnten protestieren, wir konnten erbittert sein, wütend und verächtlich. Aber was half das alles? Wir konnten ja nicht einmarschieren. Und schließlich 1980, als die Solidarność in Polen begann, haben wir uns gefragt: »Wie oft müssen die im Ostblock noch die Erfahrung machen, dass man in diesem Lager von innen heraus nichts ändern kann. Wenn es drauf ankommt, rollen die Panzer!«

ENSIKAT: Wie zu fast allem gab's in der DDR zu solchen Ereignissen immer ganz schnell Witze. Zum Beispiel zum Ungarn-Aufstand: Ungarn bittet Österreich um militärische Hilfe. Antwort des österreichischen Kanzlers: »Wir helfen gern. Sollen wir einen Panzer schicken oder gleich alle beide?« Das war in der DDR etwas sehr Typisches. Man versuchte, Dinge, die man eigentlich schrecklich fand, durch Witze zu verarbeiten. Das wiederholte sich immer. Wenn man mit etwas nicht fertig wurde, dann entlud sich das eben in irgendwelchen, manchmal auch ganz blöden Witzen. Ulbricht, der Spitzbart, war, glaube ich, in der DDR der meistgehasste Politiker. Andererseits war er natürlich auch eine sehr komische Figur mit seinem Sächsisch. Damals an der Schauspielschule konnten wir ihn alle imitieren. Das war ja ganz einfach mit seiner typischen Falsettstimme und dem »also, ja«. Ich weiß noch, wie bei unserem ersten Ernteeinsatz von der Theaterhochschule aus Peter Sodann, der vor mir Kartoffeln sammelte, plötzlich anfing, wie

Ulbricht mit den »Genossen Kartoffeln, also ja« zu diskutieren. Und wir alle begannen jetzt, wie Ulbricht zu reden. Es war natürlich verboten, sich so über das Staatsoberhaupt lustig zu machen, aber umso lieber machten wir Witze über ihn. Zum Beispiel zum Thema freie Wahlen: Kommt ein Mann in einen Laden, in dem es nur Ulbricht-Büsten gibt, aus Porzellan, Messing oder Gips in allen Größen. Und der Verkäufer fragt den Kunden: »Haben Sie schon gewählt?« Dann gab es die Geschichte mit Ulbricht im Adlershofer Fernsehfunk. Die soll übrigens stimmen. Er las da an einer Tür »Abnahmeraum« und soll gesagt haben: »Abnahme, Genossen? Also, ja, Abnahmen gibt es im Sozialismus nicht.« Seitdem hießen die Abnahmeproben im Kabarett nicht mehr Abnahme, sondern – in Dresden zum Beispiel – »Interessentenproben«.

BAHR: Wenn man lachen kann, ist vieles nur noch halb so schlimm. Uns war der Name »Spitzbart« für ihn natürlich auch geläufig. Aber wir haben ihn nicht nur für einen Feind gehalten, sondern – wie gesagt – auch für einen harten Verfechter der deutschen Teilung. Erst lange nach seinem Tod erfuhren wir dann aus Veröffentlichungen, dass er angefangen hatte, sich gegenüber den Sowjets eine bedingte Selbständigkeit zu verschaffen, mehr, als es sein Nachfolger Honecker, jedenfalls zu Anfang, tat. Später trat Honecker dann in Ulbrichts Fußstapfen und versuchte auch selbständiger zu sein, als er durfte. Aber waren wir nicht eigentlich noch beim XX. Parteitag?

ENSIKAT: Eigentlich ja. Wir erfuhren über den XX. Parteitag erst mal gar nichts. Ulbricht kam zurück und wollte weitermachen wie bisher. Wir erfuhren von Chruschtschows Geheimrede, wie von fast allem, nur über westliche Sender. Gott sei Dank konnten wir die empfangen. Dass der Ungarn-Aufstand in gewissem Sinne auch eine Folge von Chruschtschows Geheimrede war, wurde uns erst viel später klar. Ein für mich ganz wichtiges Ereignis 1956 war Brechts Tod. Der war ja so eine Art Gott für mich. Der ist schuld daran, dass ich ans Theater gegangen bin und glaubte, mit meinem Theater die Welt verändern zu können. Ich hatte ja alle großen Brecht-Aufführungen noch gesehen – »Mutter Courage«, »Puntila« »Kaukasischer Kreidekreis«. Damals spielte Theater noch eine Rolle, die man sich heute kaum mehr vorstellen kann.

BAHR: Wenn Sie Brecht sagen, erinnert mich das an etwas, worauf man gar nicht stolz sein kann als Bundesrepublikaner. Nämlich an den Außenminister von Brentano, der damals im Bundestag gehöhnt hat über diesen Propagandisten, den man bei uns in der Bundesrepublik nicht aufführen sollte.

ENSIKAT: Er hat ihn doch mit dieser Nazifigur verglichen ... Das habe ich damals im Fernsehen gesehen und war empört – mit Horst Wessel.

BAHR: Ja, es war schändlich. Aber ansonsten haben wir ja ähnliche Erfahrungen gemacht mit der Bedeutung von Theater, Kabarett oder dem geschriebenen Wort. Das ging bei euch manchmal tiefer, auch wenn es oft nur zwischen den Zeilen stand und nichts geändert hat. Bei uns konnte man fast alles drucken, aber es bewirkte auch nichts.

Ensikat: Es hatte keine Bedeutung. Wenn das Wort wirklich frei ist, dann wird es auch unwichtig.

Bahr: Wenn es inflationär wird …

Ensikat: … wenn man Freiheit mit Beliebigkeit verwechselt, und das erleben wir ja gerade wieder. Damals, 1956, nach Chruschtschows Geheimrede und im Gefolge der ungarischen Ereignisse, hatten sich auch in der DDR Oppositionelle zusammengetan, die übrigens aus der Partei kamen und Kommunisten waren. Walter Janka und Wolfgang Harich. Janka war Leiter des Aufbau Verlages und Harich ein brillanter Kulturwissenschaftler. Ich habe ihn später kennengelernt, der war unglaublich gebildet … Beide jedenfalls hatten wohl die Illusion, dass man Ulbricht nach Chruschtschows Abrechnung mit Stalin stürzen könnte. Daraus wurde natürlich nichts. Der 17. Juni 1953, das war ein Arbeiteraufstand, damit hatten die Intellektuellen nichts zu tun, und mit den Intellektuellen 1956 hatten die Arbeiter nichts zu tun. Zuerst die Arbeiter allein, ohne jede Organisation, ohne intellektuellen Kopf dahinter, und dann die Intellektuellen, ohne jeden Rückhalt in der Masse. Beide Versuche mussten scheitern.

* * *

BAHR: Eine Folge des Mauerbaus war, dass eine Reihe von Menschen in Westberlin versucht haben, Leute aus dem Ostsektor rauszubringen, oft mit großem ideellem Einsatz. Studenten haben mit falschen Pässen geholfen. Und es wurden Tunnel gebaut. Das war auch alles noch in Ordnung. Aber selbstverständlich – das konnte gar nicht anders sein – wurde die Sache dann kommerzialisiert. Und in dem Maße, in dem das Geld dabei eine Rolle spielte, wurde sie fragwürdig, auch im Ansehen der westdeutschen Öffentlichkeit. Ich hab mich da in meinem Rathaus aufgeregt über jedes Bild in den Illustrierten, wo – sensationell aufgemacht – die Flucht im Kofferraum gezeigt wurde. Aber das war im Prinzip nicht zu stoppen. Jedenfalls kann es kein Zufall sein, dass ausgerechnet immer da eine Kamera stand, wo ein Volkspolizist über die Absperrung sprang. Das war natürlich dem Geist der Zeit geschuldet. Umgekehrt gab es eine Weisung der drei Mächte, den Schießbefehl so zu fassen, dass unsere Polizei Verbrechen von eurer Seite nicht verhindern durfte. Denn nach westlicher Auffassung war es ein Verbrechen, wenn bei euch auf Leute geschossen wurde, die nur auf die andere Straßenseite wollten. Eigentlich hätten wir die Flüchtigen freischießen, ihnen mindestens Feuerschutz geben müssen. Durften wir aber nicht. Es durfte ja nichts passieren. Also hätte die Staatsanwaltschaft den Senat eigentlich vor den Kadi bringen müssen wegen unterlassener Hilfeleistung. Machten die aber auch nicht. Das war dem Kalten Krieg geschuldet und den Weisungen der drei Westmächte.

Ensikat: Ich hätte mir übrigens 1962 gern von kommerziellen Fluchthelfern helfen lassen. Das war der einzige Zeitpunkt, zu dem ich die DDR verlassen wollte. Kurz zuvor war nämlich die Wehrpflicht eingeführt worden, und ich war schon gemustert. Zur Armee gehen zu müssen, war für mich eine schreckliche Vorstellung. Deshalb wollte ich nach Westberlin, wo man nicht Soldat werden musste. Ist mir nicht gelungen. Aber es ist mir dann gelungen, in der DDR um die Armee herumzukommen. Das war schwer, aber ich habe es geschafft.

Bahr: Wir haben uns bei vielen gewünscht, dass sie bleiben. Aber man konnte sich ja nicht einmischen, wir mussten das so oder so respektieren. Es gab viele, die geblieben sind, andere, die gekommen sind, wie gesagt, das mussten wir respektieren. Aber dass Sie geblieben sind, fand ich und finde es auch nachträglich noch sehr gut.

Ensikat: Ich hab's auch nicht bereut. Mir wurde ja Anfang der achtziger Jahre sogar mal die Ausreise angeboten. Wegen eines Kabaretttextes, der nicht nur von der Stasi allgemein, sondern auch von Mielke persönlich handelte. Darin stand unter anderem, dass es bei uns in jeder Würstchenbude einen gäbe, der für die Sicherheit zuständig wäre, also müsste das auch im Politbüro so sein, wo der Genosse Mielke aufpasste, dass da keiner was anstellte. Wobei man sich ja gar nicht vorstellen könnte, dass die da noch wüssten, was anstellen hieße. Es war eher Humor als Satire. Aber es reichte. Natürlich wurde ich nicht zu Mielke selbst bestellt, sondern zu einem Intendanten, den ich von früher kannte. Der fragte mich, ob ich von der DDR die Nase so voll hätte, dass ich wegwollte. Da gäbe es doch Möglichkeiten. Als ich sagte, dass ich doch Familie hätte, fügte er hinzu, auch da gebe es Möglichkeiten. Darauf habe ich gesagt, und darauf war ich damals und bin ich heute noch ein bisschen stolz: »Mich müsst ihr rausschmeißen. Freiwillig gehe ich nicht.« Da fühlte man sich natürlich ziemlich wichtig. Und ich war ja auch nicht wirklich gefährdet, weil das sofort an die Öffentlichkeit gekommen wäre. Nach der Biermann-Affäre fürchteten sich die Funktionäre vor solchen Skandalen. Ich hatte keine Minute lang Angst, und das hatte nichts mit Mut zu tun, sondern mit Trotz. »Nu grade!«, wie der Sachse sagt. Aber ich bin schon wieder zu weit vorgeprescht. Wir waren Anfang der sechziger Jahre, kurz nach dem Mauerbau.

BAHR: Ja, und da gab es 1963 den Besuch des amerikanischen Präsidenten John F. Kennedy in Berlin. Eine ungeheure Sache. Nicht nur dass die Amis überlegt hatten, ob er überhaupt nach Europa oder Deutschland kommen sollte. De Gaulle hatte im Jahr zuvor Deutschland besucht. Er war aber nicht nach Berlin gekommen, weil er der Auffassung war, dass man sein eigenes Territorium nicht besucht. Für ihn war der französische Sektor, wie Westberlin überhaupt, nicht Teil der Bundesrepublik. Also kam er nicht. Hat den Deutschen aber schmeichelhafte Sachen gesagt. Er hat zum ersten Mal vom »großen deutschen Volk« gesprochen. Ob man das noch übertreffen könne, war eine berechtigte Frage in Washington. Also gut. Der Kennedy kam, und ich war bei den wenigen Leuten, die bei Brandt im Amtszimmer waren, zusammen mit Adenauer, Kennedy und seinen engsten Begleitern. Die da draußen haben gedacht, jetzt wird Weltpolitik gemacht. Wurde aber nicht. Jedenfalls nicht von Adenauer. Der las wirklich und wahrhaftig das »Neue Deutschland« und bekam offenbar gar nichts mit. Kennedy memorierte, nachdem er für kleine Jungs gewesen war, seine Rede mit Lochner, dem Dolmetscher. Der brachte ihm auch den Satz »Ich bin ein Berliner« bei. Die historische Bedeutung dieses Besuchs bestand natürlich darin, dass es keine Berlin-Krise mehr geben konnte, nachdem sich der amerikanische Präsident zum Berliner erklärt hatte. Der Osten realisierte sehr schnell, dass man den Wohnsitz des mächtigsten Mannes der Welt nicht ungestraft antasten durfte. 1962, während der Kuba-Krise, hatte Kennedy ja noch den Nerv gehabt, Brandt darüber zu informieren, dass die Sowjets, wenn die Lage um Kuba sich weiter zuspitzen sollte, die »Repercussions«, also die Vergeltung, gegen Berlin wenden könnten. Brandt hatte uns, seine engsten Vertrauten, bei sich versammelt und gesagt: »Es ist besser, ihr zieht euch dicke Unterhosen an und nehmt dicke Socken mit. Unter Umständen müssen wir uns auf einen langen Marsch machen.« Er bedankte sich bei Kennedy für die Warnung, sagte aber auch, er dürfe sich in seiner Verantwortung nicht durch Berlin beeinflussen lassen. Das hat ihm Kennedy nicht vergessen. Wir dachten sogar daran, die Volksarmee im letzten noch denkbaren Augenblick zur Befehlsverweigerung aufzurufen, wenn es wirklich so weit käme. 1990, nachdem die Wende eingeleitet war und ich als Berater in Strausberg war, fragte ich einen Admiral der Volksarmee, ob das damals noch hätte funktionieren können. Er dachte nach und sagte dann: »Ich glaube, ja. Aber später nicht mehr. Wenn da der Befehl gekommen wäre, dann wäre die Volksarmee, wie vorgesehen, gerollt.«

ENSIKAT: Nicht nur deshalb wollte ich nie Soldat werden.

BAHR: Aber die Bundeswehr …

ENSIKAT: Auch da nicht.

BAHR: Aha. Ich erinnere mich an die ersten Soldaten der Bundeswehr. Die sahen so komisch aus in einer Uniform, die mit deutscher Tradition so überhaupt nichts zu tun hatte. Dafür waren eure umso preußischer. Weil die DDR die deutsche Tradition haben wollte. Allerdings hatten eure Soldaten russische Helme und unsere amerikanische. Die Helme der deutschen Wehrmacht wollten wohl beide der anderen Seite nicht zumuten. Das ist schon interessant. Die Geschichte der deutschen Uniform auf beiden Seiten sagt sehr viel aus über Anpassung, über den Wunsch, respektiert zu werden und bestimmte Traditionen zu erhalten.

Ensikat: Zu den preußischen Traditionen der Volksarmee gehörte doch dieser Wachaufzug, jeden Mittwoch, glaube ich, gab's den an der Neuen Wache Unter den Linden. Loriot hat das mal »Preußenballett« genannt. Sehr zutreffend, fand ich.

Bahr: Ja, da gab's ja auch – das war ganz einmalig – noch den alten preußischen Paradeschritt. De Gaulle wusste schon, was er sagte, wenn er Brandt aufforderte: »Erzählen Sie mal, wie stehen die Dinge in Preußen?« Damit meinte er die DDR.

Ensikat: Die DDR war für de Gaulle Preußen? Na ja, da hatte er gar nicht so unrecht.

Bahr: Nein, das war nicht ganz falsch. Sachsen hat er gleich dazugerechnet.

Ensikat: Als guter Preuße habe ich damit auch keine Probleme. Aber wie ging denn das in der Bundesrepublik weiter? Irgendwann kam es doch dann zur Großen Koalition.

Bahr: 1966 begann sie, die erste Große Koalition. Brandt wurde Außenminister, und ich begleitete ihn als Planungschef nach Bonn. Die offiziellen Begründungen, die es für die Koalition gab, bezogen sich auf die Wirtschaftskrise, plötzlich gab es fünfhunderttausend Arbeitslose ... Damit waren Strauß und Schiller befasst, Plisch und Plum, wie wir sie nannten. Ganz im Vorbeigehen dann die Notstandsgesetzgebung. Dafür brauchte man die Zweidrittelmehrheit. Die wurde beschafft, ohne dass man die Gesetze je brauchte. Gott sei Dank! Die andere Frage war die nach dem Mehrheitswahlrecht. Das hätte der FDP das Lebenslicht ausgeblasen und allen anderen kleinen Parteien, die sich im Laufe der Geschichte entwickelten. Brandt war dagegen, das auf kaltem Wege zu machen, weil es nicht demokratisch gewesen wäre. Wenn man es wollte, müsste man die Bevölkerung fragen. Nur wenn das Abstimmungsergebnis entsprechend wäre, könnte man es machen. Die nicht genannten Gründe für die Große Koalition waren: Die SPD wollte beweisen, dass sie nicht nur in den Ländern regierungsfähig war, sondern auch im Bund. Und da saß nun plötzlich das ehemalige NSDAP-Mitglied Kiesinger neben dem ehemaligen Emigranten Brandt. Wir mussten die Kröte Strauß schlucken. Die CSU musste dafür die Kröte Wehner schlucken. Das Ganze funktionierte so fabelhaft, weil zwei hochintelligente und fähige Leute Fraktionsvorsitzende waren – Rainer Barzel und Helmut Schmidt. Die machten miteinander den Vermittlungsausschuss. Alles, was möglich war – und sie wussten, was das war –, lief. Alles, was Schwierigkeiten gemacht hätte und nicht gelaufen wäre, wurde ausgeklammert. Nach außen lief es also relativ glatt. Man darf aber nicht vergessen, dass auf der einen Seite die NPD immer stärker wurde, und auf der anderen Seite tobten die Straßenschlachten mit der APO. Und intern haben sich die Großen gegenseitig blockiert. Brandt wurde zunehmend sauer und hat den Tag herbeigesehnt, an dem endlich durch Neuwahlen entschieden wurde. Nur mal ein praktisches Beispiel: Als Brandt zum ersten Mal als Außenminister 1968 vor einer großen UNO-Konferenz zum Thema Abrüstung sprechen sollte, wollte er unter anderem die Bereitschaft der Bundesregierung ankündigen, den Nichtverbreitungsvertrag für Atomwaffen zu unterschreiben. Da hat Kiesinger, von seiner Richtlinienkompetenz Gebrauch machend, den dringenden Wunsch geäußert, diese Passage zu streichen. Ich habe Brandt selten so wütend gesehen. Er sagte: »Wie komme ich dazu, mir von einem alten Nazi Vorschriften machen zu lassen!?«

ENSIKAT: Das war für uns auch ganz unvorstellbar, dass ein Mann wie Brandt, der Emigrant war, mit einem Kiesinger überhaupt zusammengesperrt werden konnte.

BAHR: Ja, das war ein Versöhnungsversuch. Außerdem stimmte die Chemie zwischen beiden überhaupt nicht. Die Große Koalition jedenfalls durfte und sollte nach Brandts Auffassung nicht weitergehen. So war es ja auch bei der letzten Großen Koalition von Merkel und Müntefering. Beide mussten vor dem nächsten Wahlkampf daran interessiert sein, ein Wahlergebnis zu erreichen, durch das der jeweils andere nicht mehr gebraucht würde. Das ist so. Das liegt in der Natur der Sache. Wenn die also ihre Koalition drei Jahre lang einigermaßen hinkriegen, wird ihnen die Bevölkerung vergeben, dass sie sich im letzten Jahr auf ihre parteipolitischen Interessen konzentrieren. In einem Punkt aber bin ich skeptisch – Große Koalitionen sind nicht gemacht für große Entscheidungen. Hätten wir die Große Koalition damals fortgesetzt, hätten wir die ganze Ost- und Entspannungspolitik nicht durchgesetzt. Denn das Einzige, wozu man Kiesinger bewegen konnte, das war, aus dem Nullum DDR ein Phänomen zu machen.

Ensikat: Ja, das hat uns damals auch sehr beschäftigt, dieses Kiesingersche Phänomen. Und im Grunde ist die DDR für den Westen ja ein Phänomen geblieben.

Bahr: Aber ihr müsst euch doch wenigstens ein bisschen aufgewertet gefühlt haben durch diesen fabelhaften Ausdruck.

Ensikat: Nicht direkt, nein. Eines allerdings ist merkwürdig. Ich habe das, was damals in Bonn passierte, genauso verfolgt wie das, was jetzt in Berlin geschieht. Obwohl mich das damals doch scheinbar gar nichts anging. Ich war ja doch DDR-Bürger. Trotzdem fühlte man sich fast dazugehörig, zumindest als politisch denkender Mensch.

Bahr: Das können Sie heute doch erst recht. Ist es nicht eine wunderbare List der Geschichte, dass heute eine Ostdeutsche an der Spitze der deutschen Republik steht? Also – was wollen Sie noch mehr?

Ensikat: Jetzt ist es eben raus, dass wir Ostdeutschen keine Minderheit sind, sondern die Elite!

Bahr: Na gut, wie auch immer. Damals jedenfalls wollten wir probieren, ob die innere Einheit nicht besser und schneller hergestellt werden könnte. Ich wurde Leiter des Planungsstabes. Meine erste Frage war: »Welche Überlegungen gibt es zur Frage der deutschen Einheit?« Ergebnis: null. Weißes Papier, leere Schreibtische, leere Schubladen. Auf meinen Vorschlag, damit jetzt wenigstens anzufangen, sagten die Mitarbeiter: »Das dürfen wir gar nicht. Das ist nicht unsere Kompetenz. In allen Deutschland und Berlin betreffenden Fragen haben die vier Mächte nach wie vor die oberste Gewalt.« Dann sagte ich: »Dann lasst uns mal so tun, als könnten wir auf dem grünen Rasen beginnen und uns überlegen, was wir unterhalb dieser obersten Gewalt tun können.« Daraus wurde dann ein langes Papier zur Ost- und Deutschlandpolitik. Und ein weiteres, ebenso langes Papier über die Sicherheitsstrukturen. Eines war uns klar, Deutschland würde nie in die Einheit entlassen werden, wenn unsere Nachbarn fürchten müssten, dass wir anschließend territoriale Ansprüche stellen würden. Insofern war die Respektierung der Oder-Neiße-Grenze mit Polen später eine stille Voraussetzung für die deutsche Einheit.

Dann haben wir die Interessen aller Beteiligten sehr genau analysiert, bis wir sicher sein konnten, dass der sowjetische Außenminister Gromyko während der gesamten Verhandlungen keine Frage stellen konnte, die wir nicht vorher im Planungsstab besprochen hatten. Das war die Software, mit der man anfangen musste, um zur Hardware zu kommen. Wir haben das Gelände planiert, Beziehungen aufgenommen, selbstverständlich unter Einschluss der DDR. Das war das Neue, und an dem Punkt ist die CDU in die Luft gegangen: als der Brandt nämlich zum ersten Mal gesagt hat, dass die DDR ein Staat sei, wenngleich nicht Ausland. Ich war gegen diese Formulierung, weil ich der Meinung war, dass das zwar als Ergebnis herauskommen, aber nicht schon als Vorgabe gesetzt werden sollte. Darauf hat der Brandt gesagt: »Manchmal ist es gut, sein Herz gleich zu Anfang über die Hürde zu werfen.« Und Außenminister Scheel, der dabei war, sagte: »Wir sollten es so machen, wie es der Herr Bundeskanzler will.« Und in der Tat war das, wie ich später erfuhr, genau der Satz, bei dem man in Moskau gesagt hat: »Es lohnt sich, mit denen zu reden. Wenn sie es wirklich ernst meinen, kann man etwas erreichen.« Das führte dann dazu, dass Brandt und Breschnew 1971 in Oreanda auf der Krim anfingen, über konventionelle Abrüstung beziehungsweise Rüstungsreduktion zu sprechen. Das Ziel war, dass der, der mehr hat, mehr abrüsten muss, bis ein Gleichgewicht hergestellt ist. Denn wenn das erreicht ist, dann ist praktisch keiner mehr angriffsfähig.

ENSIKAT: Das Neue an dieser Ostpolitik war für mich, dass der Westen zum ersten Mal anerkannt hat, dass auch der Osten Interessen hat.

BAHR: Ja, natürlich.

ENSIKAT: Bis dahin war das nicht so natürlich.

BAHR: Wir waren im Kalten Krieg, aber man ist ja nicht verpflichtet, dumm zu bleiben. Die Amerikaner mussten russische Interessen respektieren und umgekehrt.

Ensikat: Um den Status quo zu erhalten.

Bahr: Die Großmächte begannen, über Rüstungsreduktion zu sprechen. Es hat dann lange, sehr lange bis 1991 gedauert, bis die MBFR, Mutual Balanced Force Reductions, die gegenseitig ausbalancierte Rüstungsreduktion, Streitkräftereduktion, verhandelt waren. Das wurde dann ein ungeheurer Erfolg, der in Deutschland gar nicht mehr wahrgenommen wurde, weil wir gerade mit einer kleinen Nebenfrage beschäftigt waren, der deutschen Einheit. Da kamen sie plötzlich dank Gorbatschow zu einem fabelhaften Ergebnis, nämlich zum größten Abkommen über die Reduktion schwerer Waffen, dem START (Strategic Arms Reduction Treaty). Das betraf über fünfzigtausend Panzer. Damit war wirklich die gegenseitige Angriffsunfähigkeit erreicht. Dieses Gleichgewicht war noch auf der Grundlage der deutschen Teilung ausgerechnet worden, von der ja bislang alle angenommen hatten, sie würde weiterbestehen. Dass die mal zu Ende sein könnte, damit hat keiner gerechnet. Und wer hat die deutschen Abrüstungsverpflichtungen dann erfüllt? Die DDR. Mit der Auflösung der NVA wurden die gesamtdeutschen Abrüstungsverpflichtungen erfüllt.

Ensikat: Die Bundeswehr konnte bleiben, wie sie war.

Bahr: Praktisch konnte sie das.

* * *

Ensikat: 1965 passierte in der DDR etwas Schreckliches – das berüchtigte XI. Plenum der SED. Der DDR ging es wirtschaftlich mal wieder besonders schlecht, der große Bruder Sowjetunion machte Schwierigkeiten, und wie immer, wenn es so war, musste die Kultur herhalten, damit die Genossen ihren Frust abarbeiten konnten. Damals wurden ja nicht nur DEFA-Filme, eine ganze Jahresproduktion, verboten oder auf Eis gelegt. Ich war damals gerade an das Ostberliner »Theater der Freundschaft« gekommen. Da wurde praktisch von einem Tag auf den anderen ein ganzer Spielplan gekippt. Hinter allem wurde mal wieder die Konterrevolution vermutet. Die Begründungen waren zum Teil abenteuerlich. Am beliebtesten war der Satz: »In der augenblicklichen Situation dürfen wir das nicht zulassen.«

Bahr: Ja, ein Stück vielleicht. Aber einen ganzen Spielplan?

Ensikat: Bei der DEFA eine Jahresproduktion, bei uns am Theater ein ganzer Spielplan.

Bahr: Nicht zu verstehen.

Ensikat: Die DDR ist in manchen Punkten auch für den, der sie erlebt hat, nicht mehr zu verstehen. Zum

Beispiel die Biermann-Ausbürgerung und was danach geschah ... Das war später, 1976. Ich habe zu der Zeit gerade in Dresden an der »Herkuleskeule« ein Kabarettstück inszeniert. Das war eine Parodie auf »My Fair Lady«, in der ein Professor für Marxismus/ Leninismus ein junges Mädchen die Parteisprache sprechen lehrt. Das war für unsere Verhältnisse eine ziemlich scharfe Kritik an der Schönlügerei in der DDR. Die Proben fanden während der Auseinandersetzungen um die Biermann-Ausweisung statt. Nun kam die Partei an, weil sie jetzt ganz neue feindliche Untiefen in dem Programm entdeckt hatte, von denen wir gar nichts ahnten. Unter anderem ging es da um die Darstellung von Bauarbeitern als Trinker und Faulenzer. Die Genossen sagten: »Die Bauarbeiter werden euch von der Bühne jagen, wenn sie das sehen.« Da hatte der Direktor der »Herkuleskeule« eine wunderbare Idee. Er lud die Patenbrigade des Kabaretts, eine Baubrigade, zur Probe ein. Mit dem Ergebnis, dass sich die Bauarbeiter im Angesicht der Genossen schon bei der Probe sehr amüsierten und danach sagten, wir hätten untertrieben. In der Wirklichkeit sei alles noch viel schlimmer. Dagegen konnten die Genossen nichts mehr einwenden. Das war »die Stimme der Arbeiterklasse«. Wir haben eben auch mit Tricks gearbeitet. Die Zensur kann man halt manchmal betrügen.

BAHR: Aber eine »My Fair Lady«-Parodie müsste doch für die DDR eher abmildernd gewirkt haben. Darüber hätte man doch lächeln können.

ENSIKAT: Hätte man. Mit solchen Tricks versuchten wir im Kabarett ja oft, die Schärfe zu verstecken. Aber diese heimtückischen Zuschauer haben doch meist unsere wirklichen Absichten erkannt. Wir hatten in der DDR vermutlich das intelligenteste Kabarett- und Theaterpublikum, das man sich nur wünschen kann. Bei manchen Nummern gingen wir so weit, dass wir selbst nicht glaubten, sie durch die Zensur zu bekommen. Die wollten wir dann bei der Abnahme, wenn die Zensoren sich daran festbeißen würden, großmütig opfern, um anderes durchzubekommen. Aber da irrten wir uns oft genug. Manche dieser von uns für besonders kritisch gehaltenen Nummern gingen unbeanstandet durch, während die Genossen dann an irgendeiner Stelle einhakten, die wir selbst für eher harmlos gehalten hatten. Das hatte immer etwas mit der politischen Großwetterlage und der wirtschaftlichen Situation zu tun. Wenn es zum Beispiel mit der Versorgung in den Geschäften einigermaßen klappte, waren auch mehr und schärfere Pointen möglich. Es war ein ständiges Spiel mit der Zensur. Das Problem war eben auch, dass es keine institutionalisierte Zensur gab. Es gab ja keinen Zensor, jedenfalls keinen, der sich so genannt hätte. Aber Zensur konnte praktisch jeder ausüben. Es passierte zum Beispiel in der »Leipziger Pfeffermühle«, dass ein Minister für Außenhandel mit irgendeinem westlichen Gast in die Vorstellung kam, um dem zu zeigen, wie liberal es bei uns zugehe, was man alles sagen dürfe. Dann ging ihm die Kritik aber zu weit, und er verlangte die Absetzung des Programms – der Minister für Außenhandel!

BAHR: Sonderbar.

ENSIKAT: Ja, es konnte jeder wachsame Genosse in einer Eingabe verlangen, dass ein Text oder ein ganzes Programm verboten würde.

BAHR: Na ja, jetzt können wir darüber lachen. Damals war das wohl gar nicht zum Lachen, denke ich mir.

ENSIKAT: Nein, das war oft nicht zum Lachen. Wenn ich an 1966 denke, als der DEFA-Film »Spur der Steine« im Berliner Kino »International« aufgeführt wurde – ich war zufällig in einer der wenigen Vorstellungen. Da tauchten ganze Scharen von ältlichen FDJlern in ihren Blauhemden auf und protestierten gegen den Film. Das war ziemlich ungemütlich. Oder ein anderes Beispiel: In einer Vorstellung der »Leipziger Pfeffermühle« tauchten plötzlich Kampfgruppen auf. In ihren Uniformen saßen sie unten, um gegen das Programm oben zu protestieren. Das war dann die »Stimme der Arbeiterklasse«. Honecker hat ja nie selber verboten. Er hat …

BAHR: … verbieten lassen.

ENSIKAT: Er hat die Arbeiterklasse bemüht. Aber die Jahre um 1965/66, das war eine besonders schlimme Zeit. Da war in der Kultur kaum noch etwas möglich.

* * *

BAHR: Wie haben Sie denn dann die Ereignisse von 1968 empfunden und erlebt?

ENSIKAT: Da muss man, glaube ich, wirklich trennen – Achtundsechzig ist für den Westen die Zeit der APO …

BAHR: Nicht nur …

ENSIKAT: … und die Zeit des Vietnamkrieges. Aber es war eben auch eine Zeit der Emanzipation, und die habe ich sehr positiv gesehen. Ich meine heute noch, dass dieses Achtundsechzig, das Sie vielleicht gar nicht immer als so schön empfunden haben, genau das ist, was uns bis heute im Osten fehlt. Diese Emanzipation, diese Weigerung, alte Strukturen und Autoritäten hinzunehmen. Ich glaube, das hat die Bundesrepublik sehr zum Vorteil verändert.

BAHR: Natürlich hat sie das verändert. Ist das übergeschwappt in die DDR?

ENSIKAT: Wenig, sehr wenig. Der Rudi Dutschke, der ja in der Studentenbewegung im Westen eine gewaltige Rolle spielte, war uns im Osten sogar ein bisschen suspekt. Weil er in dieser seltsamen Funktionärssprache redete. Die kannten wir von unseren Genossen. Damit hätte er bei uns nie ein Bein auf die

Erde gekriegt. Bei vielem, was er und seine Mitstreiter so verkündeten, dachten wir: Um Gottes willen, das klingt ja wie SED!

BAHR: Dutschke hat natürlich durch die Faszination seines Intellekts gewirkt.

ENSIKAT: Ein sehr kluger Kopf, unbestreitbar …

BAHR: Er hat ja auch nur auf die Studenten gewirkt, nicht auf die große Masse. Und was dann mit ihm passiert ist, war eine Tragödie.

ENSIKAT: Zweifellos. Aber unsere Hoffnungen lagen 1968 in Prag, beim Prager Frühling. Einer der wenigen Momente, in denen die Ostdeutschen mehr in den Osten guckten als in den Westen. Wir hofften ja, das würde auf uns übergreifen. Und da diese Hoffnung zunichtegemacht wurde, war dieses Achtundsechzig am Ende für uns eine tiefe Depression. Gerade das, was im Westen an Emanzipation erreicht wurde, war im Osten misslungen.

BAHR: Ich muss sagen, das habe ich gar nicht so hautnah miterlebt. Ich war zu sehr beschäftigt mit meinem Planungsstab. Ich hab zuerst nur durch die Zeitungen wahrgenommen, dass die Studenten bei uns anfingen zu rebellieren. Das fand ich wundervoll. Und zwar aus einem Grunde: Diese Studentenrevolten hatten in Berkeley in Amerika begonnen und waren über Paris nun auch nach Deutschland gelangt. Zum ersten Mal waren die deutschen Jugendlichen mit den anderen großen westlichen, demokratischen Jugendbewegungen auf einer Linie, auf einer Wellenlänge. War das nicht fabelhaft?

Ensikat: Bei uns herrschte der reine Neid, dass dort so etwas möglich war. Also dieser berühmte Ausspruch von Fritz Teufel, als er aufgefordert wurde, sich vor dem Gericht zu erheben: »Wenn es der Wahrheitsfindung dient.« So etwas wurde bei uns natürlich auch wahrgenommen. Aber das wirkliche Interesse, die wirkliche Hoffnung lag für uns in Prag.

Bahr: Teilweise bei uns ja auch – ein Sozialismus mit menschlichem Antlitz! Das war schon eine dolle Sache. Wir hatten natürlich Sympathie für Dubček und seine Mitstreiter. Als das dann niedergeschlagen wurde, haben wir noch etwas anderes wahrgenommen, nämlich – der BND war jetzt nicht mehr angewiesen auf Spione oder ... Wie habt ihr gesagt?

Ensikat: Bei uns waren das »Kundschafter des Friedens«.

Bahr: Die westlichen »Kundschafter des Friedens« waren jetzt plötzlich nicht mehr gefragt. Man begann stattdessen, Funksignale aufzufangen und auszuwerten. Und als wir die Funksignale der beteiligten Streitkräfte ausgewertet hatten, wussten wir, die Sache wird nicht zu einem Angriff auf die Bundesrepublik führen, sondern wirklich auf die ČSSR beschränkt bleiben. Die NATO konnte ganz früh die Alarmstufe wieder runtersetzen und sagen: »Keine Sorge, es passiert nichts. Uns passiert jedenfalls nichts.«

Ensikat: Das war ja eigentlich das Schreckliche. Die Machtbereiche waren aufgeteilt, und daran war nicht zu rütteln.

Bahr: Jeder sorgt für Ruhe in seinem Hühnerhof.

Ensikat: Genau. Anders war das mit dem Vietnamkrieg. Das war etwas, was West und Ost gleichermaßen beschäftigte. Im Westen waren es vor allem die jungen Leute, die Studenten, die protestierten. Im Osten war dieser Protest ja auch im Sinne der Partei. Es entsprach durchaus der Linie dieser Partei, dass man bei uns gegen den Vietnamkrieg protestierte. Trotzdem war das einer der seltenen Fälle, dass wir freiwillig zu Demonstrationen gingen.

Bahr: Der Vietnamkrieg hat alle ungeheuer nervös gemacht und nicht nur die jungen Leute empört. Was man da mitansehen musste, was da angerichtet wurde bei dieser nun wirklich asymmetrischen Kriegführung, dieser Luftkrieg, das Entlauben der Bäume … Die Bevölkerung konnte sich nicht wehren. Ich werde nie vergessen, wie ich damals mit Brandt in Washington gewesen bin und unter anderen den damaligen Verteidigungsminister traf …

Ensikat: McNamara.

Bahr: Ja, McNamara. Der hat uns dann im Pentagon bewiesen, dass Amerika den Krieg gewinnen würde, gar nicht anders könnte, als ihn zu gewinnen. Und zwar mit Zahlen. Als wir rausgingen, sagte ich zu Brandt: »Das war ungeheuer überzeugend.« Und Brandt sagte: »Ja, er hat nur eins vergessen – die Menschen.« Das waren für manche Affen, die vor kurzem noch auf den Bäumen gesessen hatten. Eine unglaubliche Menschenverachtung. Etwas später habe ich Brandt gefragt: »Sag mal, du hast keine einzige Amerika-kritische Äußerung zu Vietnam von dir gegeben?« Darauf sagte er: »Einen Freund, der in Not ist, den schont man.« Das habe ich nicht vergessen. Die Amerikaner haben das dem Brandt übrigens auch nicht vergessen. Seine Meinung war natürlich ganz anders, als diese Nichtäußerung vermuten ließ. Der McNamara war ja seinerzeit, sag ich jetzt mal, ein amerikanischer Kalter Krieger, der aber dann …

ENSIKAT: … einen großen Wandel vollzog.

BAHR: Er wurde zu einem Friedensfreund wie mancher General nach der Pensionierung.

ENSIKAT: Oder mancher Politiker im Ruhestand.

BAHR: Richtig, Politiker auch, natürlich. McNamara bat mich ja später – ich war inzwischen Entwicklungsminister und er Chef der Weltbank – in Washington, ob ich den Brandt nicht fragen könnte, ob er bereit wäre, Chef der Nord-Süd-Konferenz zu werden. Hat Brandt dann auch gemacht.

ENSIKAT: Während Sie mit Weltpolitik beschäftigt waren, habe ich damals Kindertheater gemacht. Zuerst in Dresden, dann in Berlin. Schauspieler war ich, das hatte ich ja schon gesagt, aus Hilflosigkeit geworden. Ich habe mich auch in dem Beruf nie wirklich wohl gefühlt, sondern mich immer ein bisschen geschämt für das, was ich da zu spielen bekam. Das hatte natürlich auch damit zu tun, dass ich am Kindertheater eben manchmal Pinguine spielen musste oder Milchkannen und lauter so ’n Zeug. Das ist für einen erwachsenen Schauspieler nicht unbedingt das Ziel. Für mich war damals Kabarett das Eigentliche, das, was mich interessierte. Aber beides sind natürlich nur

Randerscheinungen der Kultur – Kabarett und Kindertheater. Unter Hochkultur versteht man ja etwas anderes. Schon als ich mein erstes Engagement in Dresden am Kindertheater antrat, ging ich sofort zur Dresdner »Herkuleskeule« und begann für die zu schreiben. Das tue ich ja sogar heute noch manchmal. Dann kam ich nach Berlin. Das war ja nun ... In der DDR war Berlin das Zentrum aller Wünsche. Wer dahin ging, der ging nicht wieder weg. Ich kam ans Berliner Kindertheater und fing dann auch bei der Distel an, als Autor und als Darsteller. Aber ich merkte immer wieder, das ist nicht mein Beruf.

BAHR: Was? Schauspieler?

ENSIKAT: Ja. Dann habe ich nach langem Zögern – ich war ja verheiratet, hatte zwei Kinder, und man muss ja irgendwie Geld verdienen ... Aber irgendwann dachte ich dann, wenn ich jetzt an diesem Theater bleibe – ich war inzwischen schon zehn Jahre am »Theater der Freundschaft« –, dann komme ich auch noch als Rentner mit der Thermosflasche her und werde Darstellungsbeamter. Da sagte ich dann von einem Tag auf den anderen nein, und von da an ging es mir besser. Da gelang es mir dann auch, vom Schreiben zu leben. Von den Kinderstücken und den Kabarettarbeiten.

BAHR: Bei mir war das natürlich total anders, gar nicht zu vergleichen. Mit der Arbeit im Planungsstab waren wir fertig und begannen, als die Wahl 1969 das ermöglichte, sofort mit der Arbeit. Das hatte sich ja in der berühmten Elefantenrunde mit der FDP vorher schon angekündigt: Wenn es geht, werden wir es versuchen. Also fuhr ich noch im September oder Oktober 1969 nach Washington, um als Ersten Kissinger zu informieren. Der war damals Sicherheitsberater des Präsidenten Nixon. Bevor es in der Koalition oder im Bundestag besprochen oder irgendwo veröffentlicht wurde, wurden die Amerikaner über das, was wir vorhatten, informiert. Kissinger war sehr misstrauisch. Er fragte mir Löcher in den Bauch: »Habt ihr das bedacht und jenes bedacht? Und was ist, wenn ...« Kann man sich ja vorstellen, wenn die Deutschen schon wieder anfangen mit den Russen ... Wo kommen wir denn da hin! Das wurde mir dann zu viel, und ich sagte zu ihm: »Henry, ich bin nicht hierhergekommen, um zu konsultieren. Ich bin gekommen, um zu informieren. Wir haben uns das überlegt, und wir werden es tun.« Ich hab ihn damit zwar nicht überzeugt, aber ich rechne ihm bis heute hoch an, dass er es hat geschehen lassen.

ENSIKAT: Aber misstrauisch war er.

BAHR: Natürlich war er misstrauisch und ist es auch geblieben. Die Amerikaner haben es geschehen lassen, weil sie sich wahrscheinlich gedacht haben: Es kann ja nichts passieren. Die Power ist bei uns, also kein Risiko. Die Russen wissen, dass wir sie haben. Wir können das jederzeit bremsen. Lass die Verrückten das doch mal probieren mit der Idee vom Gewaltverzicht. Als ich nach dem Moskauer Vertrag wieder nach Washington flog, kam Kissinger mir entgegen und sagte: »Das ist mir in meiner Karriere überhaupt noch nicht passiert, dass eine Regierung uns vorher sagt, was sie will, es auch tut und es dann sogar funktioniert.« Das war zum einen der Beginn einer sehr engen Zusammenarbeit, und zum anderen bot mir Kissinger nach diesem Besuch an, einen Back channel zu machen, also einen verdeckten Kanal zwischen dem Weißen Haus und dem Kanzleramt, Palais Schaumburg. Das habe ich natürlich mit Kusshand angenommen. Was Besseres konnte uns gar nicht passieren, als mit Rückendeckung der Amerikaner vorzugehen, sich mit ihnen sofort kurzschließen zu können. Und umgekehrt dachte er natürlich, dass er uns damit auch unter Kontrolle hätte. Aber es sollte noch besser kommen. Denn Brandt schrieb einen Brief an seinen Kollegen Alexej Kossygin, den Vorsitzenden des Ministerrats, also protokollarisch sein Kollege. Darin bot er die Bereitschaft zu einem vertraulichen Meinungsaustausch an. Dann hörten wir eine ganze Weile nichts. Eines Tages kam meine Sekretärin und sagte: »Ein sowjetischer Journalist möchte ein Interview mit Ihnen haben.« Da ich aber wusste, dass ich nach dem Jahreswechsel sowieso nach Moskau fahren würde, sagte ich: »Ich will nicht.« Kurz danach rief mich der Sprecher der Bundesregierung Conny Ahlers an und sagte: »Du, ich hab dem das versprochen. Jetzt steht mein Ruf auf dem Spiel. Du musst.« Daraufhin hab ich zu meiner Sekretärin gesagt: »Wenn die Schreibtische leer sind am Nachmittag des Heiligabend, geben wir ihm eine halbe Stunde.« Der kam auch an, kippelte unruhig auf seinem Stuhl, stellte eine dumme Frage, ich gab eine dumme Antwort, er stellte noch eine dumme Frage, und ich überlegte: Warum bist du nicht zu Hause, um den Weihnachtsbaum zu putzen? Aber plötzlich wurde ich ganz elektrisiert, denn er bezog sich auf den Brief von Willy Brandt an Kossygin.

Ensikat: Aha!

Bahr: Der musste also von ganz oben kommen. Ich war damals fest überzeugt, der Staat ist noch in Ordnung, da funktioniert alles. Also kein Zweifel, der Mann kommt wirklich von oben, hat keine schriftliche, sondern nur eine mündliche Mitteilung, das bedeutet, die Antwort des Vorsitzenden des Ministerrates ist positiv, heißt: Ja, aber bitte nichts unserer Botschaft sagen! Das heißt, das war der entsprechende direkte Kontakt unter Ausschaltung der Apparate, verdeckt, aber zuverlässig.

Ensikat: Weil Sie gerade vom Weihnachtsbaumschmücken gesprochen haben – hat man bei so viel Weltpolitik überhaupt ein Privatleben?

Bahr: Sehr reduziert, auf kleiner Flamme. Ich habe hinterher festgestellt, 1972, nach dem Ende der operativen Phase zwischen 1969 und 1972, dass ich in der ganzen Zeit vielleicht drei oder vier Wochenenden frei hatte. Ansonsten habe ich durchgearbeitet. Und man kann das auch. Man ist unter einer solchen inneren Anspannung, das Adrenalin – fabelhaft! 1973 war mein Adrenalin dann aufgebraucht, ich wäre fast gestorben. Aber es entwickelte sich ja alles so gut. Man sagte mir: »Wir werden mit Ihnen in Kontakt treten, wenn Sie nach Moskau kommen.« Dann kam ich nach Moskau, und noch während ich das erste Ankunftsinterview für die ARD gab, steckte man mir einen Zettel in die Hand. Da stand drauf, dass sie sich telefonisch melden würden. Dann ging ich ins Hotel »Ukraina«.

ENSIKAT: Das kenne ich auch.

BAHR: Ja? Auch den Geruch?

ENSIKAT: Ja natürlich – die Reinigungsmittel!

BAHR: Ich war jetzt wieder dort. Ist ganz anders. Und riecht auch nicht mehr so.

ENSIKAT: Schade.

BAHR: Egal. Ich guckte damals auf dieses großartige, strahlend helle Moskau und dachte: Mensch, wie viele Schicksale haben sich hier schon entschieden! Wer weiß, in welcher Verfassung du zurückreisen wirst. Dann klingelte das Telefon. Der meldete sich. Ich ging runter. Wir wollten uns da in der Lobby treffen. Da ist ja auch ein Restaurant. Ich wollte mit dem Mann in eine Ecke gehen, aber er nahm mich am Arm und meinte: »In keine Ecke und an keine Säule! Da wird mitgehört.« Das beruhigte mich, denn ich dachte: »Vom KGB kann er nicht kommen, sonst wäre er ja geradezu verpflichtet, alles abhören zu lassen.« Wir sind also rausgegangen. Es war furchtbar kalt. Wir sind um's Karree gelaufen, um's Ukraina. Von der Moskwa wehte ein eisiger Wind. Da setzte er mir seine Pelzmütze auf, obwohl er selbst eine Glatze hatte. Am nächsten Tag machte er mich dann mit Slawa bekannt. Ich wusste immer nur den Vornamen und dachte auch gar nicht daran, zu fragen. Wenn sie mir den Namen nicht nennen wollten, dann taten sie's auch nicht. Wenn ich darauf bestand, nannten sie mir einen falschen. Also was soll's. Slawa und Waleri waren gewissermaßen wie Zwillinge. Der Waleri hatte ein Jahresvisum. Das heißt, er konnte zu jeder Zeit mit jedem beliebigen Flugzeug von Moskau nach Bonn fliegen. Slawa hingegen durfte nicht nach Bonn. Wir konnten uns nur in Westberlin treffen. Es war günstig, dass ich nun Nachfolger von Vockel, also Bundesbevollmächtigter war. Wir trafen uns in dessen, jetzt meinem Haus. Daraus hat sich ein Kanal ergeben, in dem wirklich fast ohne Prestigegesichtspunkte, ohne protokollarische Rücksichten in aller Offenheit gesagt werden konnte, was man wollte oder nicht wollte, was man konnte und was man nicht konnte. Das war Gold wert. Das heißt, die haben nicht betrogen. Man konnte sich auf alles verlassen, was sie gesagt haben.

ENSIKAT: Haben Sie jemals erfahren, was die für offizielle Positionen hatten?

BAHR: Ja, hinterher. Der eine, Waleri, war wirklich stellvertretender Chefredakteur von »Literaturnaja Gaseta«. Der andre kam aus der Armee, war Oberst, war in Deutschland gewesen und konnte ganz gut Deutsch, wenn auch nicht perfekt. Er war Andropow begegnet, der ihm gesagt hatte, er wolle eine neue Deutschlandpolitik, einen kleinen Arbeitsstab, um darüber nachzudenken. Aber er wollte nicht zum KGB. Andropow sagte ihm: »Du brauchst nicht zum

KGB. Es ist eine politische Sondergruppe. Du hast mit dem Apparat nichts zu tun.« Slawa wollte noch immer nicht.

ENSIKAT: Das war zu der Zeit, als Andropow noch KGB-Chef war?

BAHR: Ja. Und dann hat Andropow gesagt: »Ich mache dich zum General.« Na, und da wollte er. Das heißt, ich hatte, ohne es zu wissen, mit einem KGB-General geredet und sogar freundschaftliche Beziehungen entwickelt. Aber wenn ich's gewusst hätte, hätte das auch nichts verändert. Der Schäuble hat ja auch nie gefragt, welchen Stasi-Rang Schalck-Golodkowski hatte. Das war völlig in Ordnung. Wir haben Kissinger selbstverständlich von der Existenz dieses Kanals unterrichtet. Kissinger hat uns von seinem Back channel nach Moskau unterrichtet, und wir haben zu dritt gespielt. Ohne diesen Kanal oder das System der Kanäle wäre das Berlin-Abkommen so nicht zustande gekommen. Vieles wäre nicht erreicht worden, was erreicht worden ist.

ENSIKAT: Wir dachten immer, Abrassimow war es. Weil der doch beim Abschluss der Verhandlungen gesagt hat: »Ende gut, alles gut!«

BAHR: Ja, das war der einzige wirklich substantielle Beitrag von Abrassimow. Der musste das durchführen, was wir uns in Bonn ausgedacht hatten. Als Brandt zurückgetreten war, bat Schmidt mich, diesen Kanal für ihn weiterzuführen. Und als Schmidt durch Kohl ersetzt wurde, ging ich zu dem und sagte: »Herr Kohl, Sie sind nun Bundeskanzler, und Sie müssen wissen, dass es einen solchen Kanal gibt. Unter der Voraussetzung, dass die Sowjets das weitermachen wollen, wovon ich ausgehe, ist die Frage, ob Sie es wollen.« Darauf sagte Kohl: »Also, ich glaube, ich mache das. Man kann ja nicht wissen, was noch passiert. Aber lassen Sie mich noch eine Nacht darüber nachdenken. Ich rufe Sie morgen früh an.« Hat er auch gemacht und gesagt: »Meine Antwort bleibt Ja. Alles andere regeln Sie mit Herrn Teltschik.« Der war sein Sicherheitsberater. Dann haben wir diesen fabelhaften Kanal in aller Form übergeben, und selbstverständlich hat Kohl ihn genutzt. Gott sei Dank! Und ich konnte zu Brandt sagen: »Unsere Ostpolitik ist in guten Händen.« Im Übrigen habe ich natürlich gewusst, dass es überall auf der Welt solche Back channels gibt, auch heute noch. Gott sei Dank, dass nicht alles auf dem Markt verhandelt, behandelt und in den Zeitungen breitgetreten wird. Sonst könnte manch Wichtiges gar nicht entstehen.

ENSIKAT: Das erinnert mich daran, als der Reagan gewählt wurde, war ich entsetzt, dass so ein Mann Präsident wurde. Da sagte mir ein guter Freund aus Westdeutschland: »Das ist doch egal. Der Apparat arbeitet sowieso weiter.« Ist das so? Doch wohl nicht in jedem Fall?

BAHR: Nicht in jedem Fall und nicht bei jedem Thema. Ich bin ganz sicher, dass der gegenwärtige amerikanische Präsident Bush, ganz anders als sein Vater, im September 2002 für sich entschieden hat, eine Sicherheitsdoktrin zu machen, in der er das Recht reklamiert, selbst zu entscheiden, wem Amerika den Krieg erklärt, und sei es ein Präventivkrieg, mit oder ohne NATO, mit oder ohne die Vereinten Nationen. Damit hat er die amerikanischen Traditionen verlassen. Alle amerikanischen Präsidenten wollten ihr Land mächtiger machen, auch Bushsenior. Aber der Sohn hat dann nach Ende des Kalten Krieges gesagt: »Amerika ist die einzige Macht, die stark genug ist, die Welt in eine neue Weltordnung zu führen.« Aber Weltordnung heißt doch, dass alle die Regeln akzeptieren. Also auch Amerika ...

ENSIKAT: Alle, bis auf Amerika!

BAHR: Primus inter pares. Er sagt: »Ich stehe über allen.«

ENSIKAT: Das ist wirklich gefährlich.

BAHR: Ja, aber da sieht man, dass der Apparat nicht mehr funktioniert. In England wäre das anders – die Minister, sogar die Prime Minister kommen und gehen, aber der Public Service bleibt.

ENSIKAT: In Frankreich sind es doch immer dieselben Familien, die ...

BAHR: Ja, aber das ist wieder was anderes. Das haben wir hier nicht. Aber eine andere Frage – was hat Sie eigentlich nach Moskau geführt?

ENSIKAT: Gastspiele mit dem »Theater der Freundschaft«. Da haben wir im Ukraina gewohnt.

BAHR: Also nicht mit dem Kabarett?

ENSIKAT: Kabarett in Moskau!? In der DDR wurde mal die Frage gestellt: »Braucht die DDR Kabarett? Die große Sowjetunion hat schließlich auch keins.«

BAHR: Allein die Frage ist doch schon ein Witz!

ENSIKAT: Ja, aber sie wurde ernsthaft gestellt und dann mal so und mal so beantwortet. Das war ja das Ulkige bei den Kabaretts in der DDR – sie wurden vom Staat bezahlt. Die waren alle so was wie kleine Stadttheater. Und es konnte passieren, dass ein Kabarett verboten war, ein Programm verboten war, aber alle, die dort angestellt waren, wurden weiter bezahlt. Man konnte in der DDR richtiger Satirebeamter werden. Auch wenn man verboten war, das Gehalt lief weiter.

BAHR: Das ist bei Beamten immer der Fall. Selbst wenn man nichts tut, wird man bezahlt. Aber ich will die Beamten nicht beleidigen!

ENSIKAT: Um Gottes willen! Sonst treten sie in den Streik, und keiner merkt es.

BAHR: Na eben! Wäre ja noch schlimmer. Haben Sie eigentlich auch das Thema Deutsch-Sowjetische Freundschaft im Kabarett behandelt?

ENSIKAT: Das war schwierig. Es gab doch diese Organisation, die »Deutsch-Sowjetische Freundschaft«, genannt »DSF«.

BAHR: Meine Tante war da auch drin. Weil sie sich gesagt hat: »Erstens kostet das nichts, zweitens ist das harmlos, und man kann schöne Reisen machen.«

ENSIKAT: Ja, es ist wirklich völlig harmlos gewesen, war überhaupt nichts Ernsthaftes. Aber Beitrag musste man bezahlen.

BAHR: Na gut, ein kleiner Beitrag.

ENSIKAT: Fünfzig Pfennige oder so was. Ich bin da

trotzdem nicht eingetreten, weil ich dachte: »Wozu braucht man dafür eine Organisation? Ich bin natürlich Freund der Sowjetunion. Wieso denn nicht? Ich bin Freund aller Völker dieser Erde. Wenn man dafür eine Organisation braucht, dann heißt das doch nur, dass da was nicht stimmt.« Das wurde auch akzeptiert, und ich musste da nicht rein. Es wird ja immer gesagt: »Man musste!« Aber man konnte immer noch selbst entscheiden, ob man irgendwo eingetreten ist.

BAHR: Meine Tante ist freiwillig eingetreten, aus den genannten Gründen.

ENSIKAT: Ist ja auch nichts Schlimmes gewesen.

BAHR: Nein. Mich hat sie gefragt, ob ich das schlimm finde. Ich sagte nein, und dann gab es Gänsebraten. Wenn ich sagte, das wäre doch nicht nötig gewesen, fragte sie: »Glaubst du auch, dass wir hier nichts zu essen haben?«

ENSIKAT: Die ganze DSF war was Komisches. Darüber haben wir im Kabarett natürlich auch Witze gemacht. Man sollte doch die Russen nicht mehr Russen nennen, sondern Sowjetmenschen. Und wenn wir dann im Kabarett sagten: »Aber ein paar Russen müssen ja drunter sein«, dann war das schon ein Politikum. Der große Bruder gehörte zu den Tabus im Kabarett, der durfte nicht ironisch behandelt werden. Ich erinnere mich an eine Nummer in der Distel. Da hieß es nur: »Lärmen, lärmen, nochmals lärmen.« Natürlich eine Verballhornung des Leninzitats »lernen, lernen, nochmals lernen«. Da ist die Botschaft eingeschritten und hat das untersagen lassen.

BAHR: Nein!

ENSIKAT: Doch. Die sowjetische Botschaft! So wurde uns das auf jeden Fall mitgeteilt. Zensur konnte bei uns eben jeder ausüben, auch der sowjetische Botschafter. Ich habe mal an der Ostberliner Volksbühne – das muss ungefähr 1985 gewesen sein – ein satirisch angehauchtes Programm geschrieben und inszeniert. Ich hatte gerade so was wie Berufsverbot, das sich aber nur auf Berlin bezog. Als ich zum Intendanten der Volksbühne kam, fragte er mich: »Herr Ensikat, wie ist das denn nun? Sind Sie verboten, oder sind Sie nicht verboten?« Darauf sagte ich: »Ich weiß von keinem Verbot.« Denn das bekam man ja nicht schriftlich, sondern nur am Telefon mitgeteilt. Der Intendant sagte dann: »Also gehen wir davon aus, dass Sie nicht verboten sind.« Das war für einen Intendanten mutig. Er als Leiter trug ja die Verantwortung, nicht ich. Dann probierten wir also. Marianne Wünscher und Hans Teuscher spielten. Das Stück hieß »Was soll das ganze Theater« und war natürlich ... in der DDR war ja alles politisch. Am Beispiel Theater führten wir den Irrsinn dieser Gesellschaft vor. Die Abnahme, also die Zensur, war am Morgen des Premierentages. Wir hatten uns geeinigt, die beiden Schauspieler und ich, dass wir bis zum Abend nichts ändern würden. Marianne Wünscher und Hans Teuscher waren keine Genossen, durften also am Abnahmegespräch nicht teilnehmen. Ich war zwar auch nicht Genosse, war aber immerhin Autor und Regisseur. Mich musste man also zu dem Gespräch einladen. Da kamen dann die üblichen Einwände von antikommunistisch bis defätistisch, und was es so alles gab. Ich sagte immer nur: »Na gut, dann kann das nicht stattfinden, dann muss die Premiere ausfallen, denn wir sind nicht in der Lage, bis zum Abend noch irgendwas zu ändern.« Mir wurde Erpressung vorgeworfen. Aber so eine Premiere ausfallen zu lassen, das wäre ein Politikum gewesen. Und dann passierte Folgendes: Nicht nur die Sitzplätze – die Vorstellung fand im Sternfoyer des Theaters statt – waren besetzt, sondern auch alle Treppenstufen …

BAHR: Nein!

ENSIKAT: … waren von Leuten besetzt, die nun aufpassen sollten, dass hier nicht die Konterrevolution ausbrechen würde. Das waren schöne Zeiten! Aber wollten wir nicht noch mal zur Ostpolitik zurück?

BAHR: Ja, die begann ja im Westen. Noch im Dezember 1969 auf einer Konferenz in Den Haag hat Brandt, um die Europäische Wirtschaftsgemeinschaft flottzumachen, den französischen Präsidenten Pompidou überzeugt, dem Beitritt Großbritanniens zuzustimmen. Ob das wirklich so weise war, bezweifelte er später selbst. Er hatte sich inzwischen der Position von de Gaulle angenähert, der meinte, dass die Engländer mit ihren Sonderbeziehungen zu den USA eigentlich nicht zu Europa gehören.

ENSIKAT: Ich glaube, das sehen die Engländer auch so. Oder?

BAHR: Na, und ob! Egal, wie der Regierungschef heißt, ob es eine Frau ist oder ein Mann, egal, von welcher

Partei. Es kann natürlich auch sein, dass Pompidou inzwischen ahnte, wo die Reise in Bonn hingehen sollte – in Richtung Osten. Und da wollte er nicht gern mit den Deutschen allein sein, sondern die Engländer dabeihaben, um die Deutschen besser kontrollieren zu können. Deutschland unter Kontrolle halten, das war immer wichtig! In Den Haag jedenfalls bekam die EWG mit den Briten eine neue Perspektive und eine andere Dimension. Danach fuhr ich zu den Sowjets, mit denen Adenauer 1955 gegen den Rat der meisten seiner Berater diplomatische Beziehungen aufgenommen hatte. Die waren allerdings schlecht genutzt worden. Chruschtschow hatte dem Adenauer 1962 ja sogar ein Angebot gemacht, mit ihm über Deutschland zu reden – nicht über die beiden deutschen Staaten, sondern über Deutschland! Darauf bekam er von dem alten Herrn mehr als ein halbes Jahr überhaupt keine Antwort. 1964 schloss die Sowjetunion dann den Freundschaftsvertrag mit der DDR ab und gab ihr damit gewissermaßen eine Bestandsgarantie. Das war der Hintergrund, auf dem nun eine neue Regierung in Moskau getestet werden sollte, ob man mit ihr eine neue Deutschlandpolitik, sprich: Europapolitik, machen könnte. Die Bundesrepublik ist schließlich größer und reicher als die DDR, und die DDR hatten sie sowieso mehr als unter Kontrolle. Als ich hinfuhr, wusste ich nicht, ob das klappen würde oder nicht, ob das, was wir uns im Planungsstab ausgedacht hatten, funktionieren könnte. Das Schlimmste war, dass es natürlich nicht den sowjetischen Verhältnissen entsprach, so was in zwei, drei Gesprächen – wie ich meinte – herauszubekommen. Wenn das nicht geht, fährt man eben wieder nach Hause und überlegt neu. Aber das war ein Irrtum. Nach den ersten zwei Gesprächen und den zweiten zwei Gesprächen blieb ich gleich dort, denn ich hatte den Eindruck, dass sich das alles viel zäher und schwieriger gestalten würde, als ich es mir gedacht hatte. Auch dank des Kanals erfuhr ich, wie schwer das alles war. Man musste nämlich Politbürobeschlüsse abwarten. Und dann bekam Kossygin den Auftrag, mir auf den Zahn zu fühlen. Gromyko, der damals noch nicht im Politbüro war, war sowieso skeptisch. Er war der Auffassung, für die Sowjetunion sei der einzige und wichtigste Partner Amerika. Europa sei nicht so wichtig und die Bundesrepublik noch weniger. Also bekam Kossygin den Auftrag. Sie wollten einen unmittelbaren Eindruck von diesem komischen Kauz haben, der da aus Bonn kam. Das gehört zu den unangenehmsten Erinnerungen und Gesprächen, die ich in meinem Leben hatte. Also erst mal da in den Kreml zu kommen, schon das ist ja ein großes Erlebnis. Eindrucksvoll, wie man da empfangen wird …

ENSIKAT: Einschüchternd doch auch?!

BAHR: Ungeheuer einschüchternd! Da fährt man in einem Fahrstuhl hoch mit einem Uniformierten, der den Fahrstuhl bedient und einen den Gang entlangführt. Auf dem Gang ist es still, kein Mensch. Die Namensschilder an den Türen konnte ich nicht lesen.

Dann tat sich eine Tür auf, und dann noch eine zweite, und dann war man im Vorraum. Das war ein Sekretariat mit zwei großen Schreibtischen und einer Unzahl von Telefonen – ein Dutzend bestimmt. Dann ging noch eine Tür auf, dann wieder eine Tür, und dann war man da, angeblich in dem Raum, wo Stalin gesessen hat. Auch einschüchternd. Dann kam mir Kossygin entgegen, kühl, gab mir die Hand, machte eine Handbewegung, und wir setzten uns. Er von einem Dolmetscher begleitet, ich von einem Dolmetscher begleitet. Er hatte einen Block und einen Bleistift vor sich, sonst nichts, und sagte: »Ich höre.«

ENSIKAT: O Gott!

BAHR: Schrecklich! Mit eisigen Augen, unbewegtem Gesicht. Dann redete ich zehn Minuten, dann redete er, stellte irgendeine Frage, dann redete ich wieder zehn Minuten. Ich habe ihn dann provoziert, so, dass er auch etwas Substantielles von sich geben musste. Das war aber nicht doll. Im Wesentlichen erklärte er, dass er der Generaldirektor des größten Unternehmens der Welt sei, genannt Sowjetunion, wie viel Heizung sie brauchen und wie das in Moskau so ist und ... und ... und ... Zum Schluss stellte er eine Frage: »Haben Sie noch einen besonderen Wunsch?« Da wusste ich, der Eindruck musste im Wesentlichen positiv gewesen sein, und sagte, dass ich gern ein paar Ausreisegenehmigungen hätte. Er fragte: »Wie viel?« Ich sagte: »126.« Er: »Übergeben Sie Herrn Falin die Liste.« Das war der Leiter der 3. Europäischen Abteilung im Außenministerium. Als ich rauskam, hörte ich als Erstes, Ulbricht habe hysterisch reagiert, dass ein kleiner Staatssekretär vom großen Kossygin empfangen wurde.

Ich sagte dann unserem Botschafter: »Nun sucht die aussichtslosesten, mehrfach abgewiesenen Fälle heraus, und zwar 126.« Eine völlig aus der Luft gegriffene Zahl. Ich hätte auch 87 oder 143 sagen können. Aber mir war 126 eingefallen. Auf der Botschaft meinten sie: »Das ist aussichtslos.« Ich sagte: »Macht das trotzdem.« Und das machten sie dann auch. Ich übergab dem Falin die Liste. Und als ich das zweite Mal hinkam, hatte ich die ungeheure Freude, Menschen im Garten der Botschaft zu sehen, die auf ihre Ausreise warteten. Öffentlich verlor ich natürlich kein Wort darüber, schließlich wollte ich meinen Kredit nicht verlieren.

So fing das an und ging dann in der Tat weiter. Nach drei Wochen musste ich eine Pause einlegen, erstens um selbst zu überlegen und zweitens um abzuwarten, ob das Politbüro seine Beschlüsse ändern würde. Gromyko hatte nämlich gesagt: »Sie müssen die DDR völkerrechtlich anerkennen. Vorher können wir gar nicht reden.« Darauf hatte ich geantwortet: »Herr Minister, das geht nicht, dazu bin ich nicht befugt. Wir haben keine originären Rechte wie die Sieger. Wenn wir einen Staat anerkennen, sagen wir, er ist legitim. Damit erkennen wir ihn auch in seinen Grenzen an. Aber wir wollen die deutsche Einheit haben. Also können wir das gar nicht. Wenn Sie das wollen, müssen Sie mit den drei anderen Siegermächten reden. Ich kann nur über die staatsrechtliche Anerkennung reden, nicht über die völkerrechtliche. Und dass die DDR ein Staat ist, hat der Bundeskanzler schon gesagt.« Der Prozess, diesen Unterschied bewusst wahrzunehmen, dauerte dann sehr lange, das war sogar für die deutsche Politik äußerst schwierig. Das war der eine Punkt. Der andere war: Gromyko wollte natürlich den Status quo in Europa, nicht nur in Deutschland festschreiben. Also alle Grenzen in Europa. Egal, wann, egal, von wem sie wo gezogen worden waren. Sie sollten unantastbar, unveränderbar sein. Und dann kamen noch drei, vier solcher Forderungen, die für uns unannehmbar waren. Denn das hätte ja bedeutet, dass wir gegen die eigene Verfassung, auch gegen die eigene Überzeugung, gehandelt hätten. Je mehr er darauf herumhackte, desto mehr kam ich zu der Überzeugung: Wir müssen ihnen, falls es klappt, einen Brief geben, damit es – wie der Vertrag auch aussehen mag – hinterher keine Missverständnisse gibt. Er ändert nichts an unserer Absicht, eine Situation zu erreichen, in der das deutsche Volk seine Selbstbestimmung verwirklichen kann. Das wurde dann noch schwieriger.

ENSIKAT: War das dieser Brief, der dann im Bundestag so eine große Rolle spielte?

BAHR: Ja, das war der berühmte »Brief zur deutschen Einheit«. Wir unterbrachen die Verhandlungen erst mal. Dann begann die zweite Phase, wieder drei Wochen. Das war schrecklich, weil Gromyko so tat, als ob wir gar nicht miteinander geredet hätten. Er fing von vorn an, bohrte noch mal und noch mal, bis es quietschte. Da weiß man dann, man hat sein Soll erfüllt. Langsam kamen wir dann in der zweiten Phase dazu, unsere Ergebnisse zu formulieren, ins Unreine noch. Wobei ich selbstverständlich von Anfang an in Rechnung stellte und akzeptierte, dass die Sowjetunion wirklich die Führungsmacht ist. Ich habe das Interesse der Sowjetunion akzeptiert, über alles informiert zu sein, was wir mit ihren Verbündeten, insbesondere der DDR, vereinbarten. Auch mit Polen oder der Tschechoslowakei. Das heißt, uns war bewusst, dass wir wieder einmal über die Köpfe der Polen hinweg verhandelten.

ENSIKAT: Aber es ging nicht anders.

BAHR: Es war nicht anders möglich. Gomułka wollte auch gar nicht, und wenn er gewollt hätte, hätte er nicht gedurft. Er konnte keine Politbürobeschlüsse aus Moskau verändern. Dazu konnten wir sie nur im direkten Gespräch bringen. Auch mit Ulbricht konnten wir darüber nicht reden. Erstens wollte er nicht, und zweitens konnte er das genauso wenig wie Gomullka, wenn der gewollt hätte.

ENSIKAT: Es wurde sowieso alles in Moskau entschieden. Aber wie war denn das bei diesen Verhandlungen? Mit Kossygin war es sowieso schwierig. Der sprach ja auch kein Deutsch. Aber Falin spricht ganz ausgezeichnet Deutsch. Gab es da auch private Gespräche, oder lief das alles nach Protokoll?

BAHR: Die Verhandlungen mit Außenminister Gromyko waren auf Russisch bzw. Deutsch, wurden jeweils von den Dolmetschern übersetzt. Wenn ich mit Gromyko etwas unter vier Augen zu besprechen hatte, machten wir das auf Englisch. Mit Falin natürlich immer auf Deutsch. Wir führten Nebenverhandlungen, Vorbereitungsgespräche, um bestimmte Formeln auszuprobieren, alles auf Deutsch.

ENSIKAT: War das mit Falin, mal abgesehen von der gemeinsamen Sprache, nicht auch eine ganz andere Art zu verhandeln als mit Kossygin und Gromyko? Oder ist Falin erst nach der Wende anders geworden?

BAHR: Nein. Passen Sie auf – erstens hat Falin natürlich mit keiner Silbe zu erkennen gegeben, dass er ein Reformkommunist ist, was ihm damals manche Schwierigkeit bereitet hat. Auch wenn er seinem Außenminister mit der einen oder anderen Reserve gegenüberstand. Er hat ja ein Leidensgesicht, dieser Falin. Das konnte ich auch verstehen. Semjonow, der sowjetische Botschafter, hat uns mal zu einem Essen eingeladen – wie er da den Falin behandelt hat vor ausländischen Gästen! Und der hat das einfach runtergeschluckt. Dabei ist das ja einer, der weint, wenn ein Baum gefällt wird. Na gut. Falin ist jedenfalls Reformkommunist geblieben, ist also auch jetzt nicht sehr populär. Er ist kein Wendehals. Bis mir das alles klar wurde, das hat eine Zeit gedauert. Auch bis man sich aneinander gewöhnt hat und ein bisschen persönliches Vertrauen gewann, miteinander sogar mal einen Scherz machen konnte – das war schon eine große Sache.

ENSIKAT: Ich habe Falin 1992 oder 93 auf der Frankfurter Buchmesse kennengelernt, weil wir beide im selben Verlag waren. Da passierte zwischen uns was ganz Merkwürdiges. Wir erzählten Witze. Dann sah er mich an und sagte: »Sie sind Ostdeutscher.« Das hat er sofort erkannt.

BAHR: Ja natürlich!

ENSIKAT: Wir hatten eben dasselbe System erlebt.

BAHR: Falin ist ein unglaublich guter Germanist. Er hat seine Familie in Leningrad verloren und wohl auch deshalb entschieden, sich auf Deutschland zu konzentrieren, um herauszufinden, was dieses Kulturvolk dazu bewegt haben könnte, diesen schrecklichen Krieg anzuzetteln. Bis zum Schluss der Verhandlungen ging es um die Frage der Grenzen, um ihre Unverletzlichkeit. Alle Grenzen, egal, wer sie wann und wo gezogen hatte, mussten unter Gewaltverzicht gestellt werden. Das heißt, sie können nur in gegenseitigem Einvernehmen geändert werden. Das war die Formel, unter der sich später die Tschechen und Slowaken friedlich getrennt haben. Das hatten wir in zehn Punkten zusammengefasst, und ich bin nach Hause gefahren, natürlich nicht ohne vorher noch eine Krise mit Gromyko zu überstehen. Er, der alte Kenner und Könner, wollte weiter Druck ausüben. Ich habe ihm einen privaten Brief geschrieben: »Sie wissen, wie ich stehe. Wenn Sie auf Ihren Forderungen beharren, tut es mir leid. Dann kann ich nur nach Hause fahren und meiner Regierung empfehlen, das Vorhaben abzubrechen.«

ENSIKAT: Da gab es doch auch diesen gewaltigen Widerstand der CDU. Ich erinnere mich an die Angriffe gegen Sie: Verzichtspolitiker, Vaterlandsverräter …

BAHR: Ja, das war schrecklich. Aber das hat mir auch geholfen. Das konnte ich in Moskau benutzen und darauf hinweisen, wie schwer wir es hatten. Wenn ich mit einem Ergebnis nach Hause kam, das keinen Bestand hatte vor dem Bundesverfassungsgericht, dann brauchten wir gar nicht anzufangen. Ich ging an den Rand dessen, was möglich war, um Vertrauen aufzubauen und dann weiterzuarbeiten. So ein Vertrag sollte doch der Anfang sein und nicht das Ende. Ich habe diesen Brief persönlich geschrieben, gegen den Rat des Botschafters. Der meinte: »Das dürfen Sie gar nicht. Sie setzen unsere Beziehungen hier aufs Spiel.« Ich sagte: »Ich muss! Unsere Regierung darf sich nicht unter Druck setzen lassen.« Am nächsten Tag kam Falin statt Gromyko, bat mich hinaus und fragte: »Sie haben einen sehr scharfen Brief an meinen Minister geschrieben. Ist das Ihre Meinung oder die Meinung Ihrer Regierung?« Ich log und sagte: »Das ist die Meinung meiner Regierung.« Falin ging wieder raus, und nach einer Viertelstunde oder zwanzig Minuten kam Gromyko rein, setzte sich, als sei überhaupt nichts passiert, und benutzte die von mir vorgeschlagene Formulierung. Ohne jeden Kommentar! Tat, als sei das alles das Selbstverständlichste von der Welt, und nach einer halben Stunde war das Ergebnis fertig. Schluss! Aus! Punkt! Dann fuhr ich in die Botschaft. Der Botschafter hatte inzwischen Champagner aufgemacht, aber noch bevor wir angestoßen hatten, gab er mir ein Kabel unseres Außenministers Walter Scheel mit dem Inhalt: »Ich decke Ihren Brief.« Da war die Lüge aus der Welt. Ich hatte ihn natürlich – hinterher – über den Brief informiert. Jedenfalls war ich ungeheuer erleichtert und werde das dem Walter Scheel nie vergessen. Dann wurde dieses fabelhafte Papier mit den zehn Punkten, auch Bahr-Papier genannt, veröffentlicht. Das erschwerte die weiteren Verhandlungen mit Gromyko für Herrn Scheel sehr, denn das wurde plötzlich zur Bibel. Kein Buchstabe durfte mehr geändert werden.

ENSIKAT: Hatten Sie danach so etwas wie ein Triumphgefühl, oder ist man dann nur erschöpft?

BAHR: Nein, ein ... Also ein Gefühl der Erleichterung hatte ich erst am Abend vor der Unterzeichnung. Da war ich mit meinem Stellvertreter, Herrn Sanne, bei Waleri zu Hause privat eingeladen. Das war toll. Das erste Mal in einer sowjetischen ... in einer Moskauer Wohnung. Jetzt sage ich auch schon sowjetische Wohnung! Ist natürlich Quatsch. Waleris Frau machte Bliny, und Kaviar gab es dazu.

ENSIKAT: Ich habe das ja alles im Fernsehen verfolgt damals. Und ich fragte mich jedes Mal: »Wie reden die eigentlich miteinander, wenn die Kameras nicht dabei sind? Das ist für mich eine ziemlich unvorstellbare Geschichte. Schon die Tatsache, dass man einen Dolmetscher braucht, ist ja erschwerend. Das ist doch eine völlig andere politische Kultur: die westeuropäische und – in dem Fall muss man das ja sagen – die sowjetische.

Bahr: Ja, natürlich. Der Gromyko sagte mir mal in einer Kaffeepause, er fände es sehr interessant, wie ich das machte. Ich würde ein Problem hinhängen und dann drum rumgehen, die geschichtliche Seite betrachten, die politische, die ökonomische, die rechtliche Seite. Das gefiele ihm sehr. Ich sagte: »Das ist europäische Geschichte, Tradition.« – »Tja«, sagte er, »ganz anders als die Amerikaner.« Da war eine gemeinsame Wellenlänge entstanden. Andererseits war man ja sehr gemessen. Zum Beispiel war er der erste Außenminister, der nach dem Krieg zum Essen in die Residenz des deutschen Botschafters kam. Das letzte Mal war Molotow da gewesen, als Ribbentrop in Moskau war. Wir saßen also zusammen und tranken einen fabelhaften Rheinwein, das Beste, was im Keller war. Doch er nippte nur. Ich wollte was Nettes sagen über meine Landsleute in der DDR und meinte: »Die machen auch guten Wein.« Da machte er nur eine abfällige Bewegung und sagte: »Die saufen alles.« Also ließ ich das lieber mit solchen vorsichtigen Annäherungen. Hinterher, beim Kaffeetrinken, fragte er: »Wann muss man denn damit rechnen, dass Europa mit einer Stimme spricht?« Ich sagte: »Herr Minister, Wiedervorlage in zwanzig Jahren.« Er fragte: »Meinen Sie das ernst?« Ich: »Ja.« Dann erzählte ich das in Bonn, und Brandt sagte: »Du bist ein Defätist.« Das ist inzwischen fünfunddreißig Jahre her …

Ensikat: Ja, und die eine Stimme …

Bahr: Über die reden wir noch immer.

Ensikat: Vielstimmig.

BAHR: Ob wir das in den nächsten fünf Jahren schaffen, weiß ich noch nicht genau. In zehn Jahren werden wir auch noch froh sein, wenn wir es dann geschafft haben sollten. Am Vorabend der Unterzeichnung sagte Waleri plötzlich: »Ich weiß nicht, ob Sie je die deutsche Einheit erreichen werden. Aber wenn, dann tun Sie morgen den ersten Schritt.«

ENSIKAT: Das war genau die Hoffnung, die wir mit den Moskauer Verträgen verbunden hatten. Dass wir uns näherkommen. Ob das nun ein Staat würde, das war mir völlig egal. Aber dass diese Mauer wegkam ...

BAHR: Das war ja identisch. Ohne Mauer zwei deutsche Staaten, das war ja irreal.

ENSIKAT: Es hätte sich erledigt. Das hat ja auch der Reinhold, dieser DDR-Gesellschaftswissenschaftler, gesagt – eine DDR ohne Sozialismus, oder was man damals so nannte, hätte jede Existenzberechtigung verloren.

BAHR: Die DDR hat ein einziges Mal in ihrer Existenz einen souveränen Beschluss gefasst, ohne die Moskauer zu informieren ...

ENSIKAT: Die Maueröffnung.

BAHR: Jawohl, die Mauer aufzumachen.

ENSIKAT: Und das war auch noch ganz dilettantisch.

BAHR: Ja, und schon war's zu Ende. Die DDR konnte ohne Mauer gar nicht existieren.

* * *

Ensikat: 1971 war ich noch Schauspieler am »Theater der Freundschaft«, also am Kindertheater in Ostberlin. Wir probierten gerade »Die verzauberten Brüder« von Jewgeni Schwarz. Da wurde plötzlich das ganze Ensemble auf die Bühne gerufen; es gäbe eine außerordentliche Meldung. Wir versammelten uns auf der Bühne in der Märchendekoration, und die Parteisekretärin des Theaters kam, um zu verkünden, dass der Genosse Ulbricht um seine Ablösung gebeten hätte. Und der Genosse Honecker würde seinen Platz einnehmen. Aber es sei im Grunde überhaupt nichts geschehen. Also, sie rief uns alle zusammen, um zu sagen: »Es ist nichts passiert. Es geht alles weiter.« Die Linie der Partei sei nicht bedroht. Wir hatten uns über die Linie der Partei gar keine Gedanken gemacht und hatten schon lange vorher … Wochen, Monate vorher waren ja im Westfernsehen Vermutungen angestellt worden, wer denn der Nachfolger würde. Und das war natürlich alles auf Honecker hinausgelaufen. Aber so wurde uns das verkündet – es wurde uns mitgeteilt, dass nichts geschehen sei.

Bahr: An die Einzelheiten kann ich mich nicht mehr erinnern. Ich weiß nur, als ich hörte, Honecker hat

Ulbricht ersetzt, war meine erste Überlegung: Na, schlimmer kann's ja nicht werden. Der wird ein bisschen milder sein. Im Übrigen ist er ja ein Saarländer. Ich war mit einer anderen Sorge beschäftigt: Es ging um die Ratifizierung des Moskauer Vertrages, die es ohne eine befriedigende Berlin-Regelung nicht geben würde. Aber über Berlin durften wir nicht reden. Wir haben dann erreicht, dass die vier Botschafter sich in Berlin zusammensetzten und anfingen, über den Status von Berlin zu reden. Es war entsetzlich – die konnten sich nicht einigen, ob das nun eine gemeinsame Angelegenheit der vier Mächte oder auf die Souveränität jedes Einzelnen auf seinen Sektor begrenzt war, so dass jeder mit seinem Sektor machen konnte, was er wollte. Ich hatte Sorge. Falin hatte schon die Befürchtung geäußert: »Wenn Sie das den vier Mächten, also faktisch den Amerikanern, überlassen, dann können die dafür sorgen, dass unser Moskauer Vertrag gar nicht zustande kommt.« Um die Sache in den Griff zu bekommen, verabredete ich mich mit Henry Kissinger. Wir nutzten eine internationale Konferenz, um uns zu treffen. Ich sagte ihm: »Wenn das so weitergeht, dann kann man Hunderte von Doktorarbeiten darüber schreiben. Wir bezweifeln ja nicht, dass die vier Mächte die Kompetenz über Berlin haben, sie können alles entscheiden. Wir wollen ja gar keinen neuen Status haben, sondern nur eines: Der Verkehr zwischen Westberlin und Westdeutschland muss reibungslos verlaufen können.« Ich erläuterte, wie wir das bei dem Passierscheinabkommen gemacht hatten. Da wir uns über Orts-, Amts- und Behördenbezeichnungen nicht einigen konnten, hatten wir Berlin einfach nicht genannt. Das konnten wir jetzt auch tun, indem wir einfach nur über das redeten, was wir praktisch regeln wollten, nämlich die Verkehrsbeziehungen. Die Idee fand er interessant, wollte das aber noch mit dem Präsidenten besprechen. Am nächsten Tag sagte er: »Gut, das machen wir. Wir stellen eine direkte Verbindung her zwischen dem amerikanischen Botschafter in Bonn und mir, an seinem Ministerium vorbei.« Falin war direkt mit dem Kreml verbunden, ich mit Brandt sowieso, wir konnten also zu dritt direkt besprechen, wie das Abkommen aussehen sollte. Ich wusste sehr genau, was ich wollte. So trafen wir uns dann zu dritt abwechselnd in der Residenz des amerikanischen und des sowjetischen Botschafters und sprachen das Abkommen Wort für Wort durch. Es war abenteuerlich.

ENSIKAT: Und die Botschafter in Berlin, die durften dann nur noch zustimmen?

BAHR: Außerdem besprachen wir, wer bei den Amis und wer bei den Russen – für die war es Kwizinski – dafür zu sorgen hatte, dass in Berlin im Kontrollratsgebäude alles ordnungsgemäß ankam. Die Franzosen, die Briten und die DDR waren praktisch ausgeschlossen. Wir drei verhandelten Paragraph für Paragraph. Der Amerikaner, Ken Rush, konnte kaum Deutsch, ich überhaupt kein Russisch, Falin sprach nur begrenzt Englisch, dafür aber perfekt Deutsch. Wir schufen eine Atmosphäre des Vertrauens, denn jeder hätte ja jeden betrügen können, und wir wollten doch Erfolg. Wir klopften jede Vokabel in allen drei Sprachen ab, damit da nichts stand, was für den einen oder den anderen inakzeptabel war. Schon bald nannten wir uns beim Vornamen, nicht nur im amerikanischen, sondern im deutschen Sinn, ein richtiges Du war das. Es wurde eine Freundschaft. Kissinger schreibt in seinen Erinnerungen, manchmal habe man gar nicht gewusst, wer die Sache eigentlich in der Hand hatte. Ich wusste das, na gut.

ENSIKAT: Die persönlichen Beziehungen waren ungeheuer wichtig.

BAHR: Sie waren sogar entscheidend. Natürlich nahmen sowohl Falin wie auch Ken Rush manches Risiko auf sich, um sich durchzusetzen. Also das war toll. Erst als das Vier-Mächte-Abkommen unter Dach und Fach war, konnten wir an die Ratifizierung des Ganzen gehen. Die CDU konnte das auch nicht ablehnen, weil das ja eine Sache der vier Mächte war. Es wurde ein Meilenstein in der Nachkriegsgeschichte, weil die vier Mächte zum ersten Mal in einer wichtigen Frage – Berlin – nicht ohne die Mitwirkung der beiden deutschen Regierungen allein entscheiden konnten. Das wurde achtzehn Jahre später das Modell für die Zwei-plus-vier-Verhandlungen, als es um die außenpolitischen Folgen der Wiedervereinigung ging.

ENSIKAT: Das war 1971, in dem Jahr, in dem Ulbricht von Honecker abgelöst wurde. Aber die hatten damit nichts zu tun?

Bahr: Die hatten damit nichts zu tun.

Ensikat: Dieser Wechsel war für uns insofern komisch, als am Tag vor seiner Absetzung die Zeitungen noch voller Ulbricht-Bilder waren. Am Tag darauf und in der folgenden Zeit kam Ulbricht in der Presse nicht mehr vor. Er wurde praktisch weggeschwiegen. Und Honecker-Bilder waren anfangs auch selten. Aber die wichtigste Neuerung nach dem Machtwechsel zu Honecker waren die Jeans, die man jetzt zu kaufen bekam. Das war das Antrittsgeschenk Honeckers an die Bevölkerung.

Bahr: Gromyko hatte nach unseren Vereinbarungen nun die Aufgabe, sowohl den Berlinern wie auch den Warschauern zu sagen, was sie an alten Positionen nicht mehr aufrechterhalten durften. Der arbeitete jetzt für mich. Das war fabelhaft! Er war aber nervös, kam im Geheimen nach Berlin. Ich war als Bundesbevollmächtigter auch gerade in der Stadt. Wir kommunizierten über Falin, obwohl der eigentlich gar nichts in Berlin zu tun hatte.

Ensikat: Wenn ich mich recht erinnere, hörte ich damals im Fernsehen die Vermutung, dass Gromyko heimlich in Berlin sei.

Bahr: Ja, das stimmte auch. Wenn es gar nicht anders ging, trafen wir uns – Ken Rush, Falin und ich – in der Residenz des Bundesbevollmächtigten in der Pücklerstraße – das Haus ist heute noch berühmt. Am Morgen nach einem solchen Abend rief mich Ken Rush an, um mir zu sagen: »Egon, du musst vorsichtig sein. Mein CIA-Mann kam heute Morgen zu mir und sagte, dass der sowjetische Botschafter gestern in der Residenz des Bundesbeauftragten gewesen sei.« Ich sagte: »Das weiß ich, ich war ja auch dabei.« Das hatten sie offenbar nicht bemerkt.

ENSIKAT: So ist die Arbeit von Geheimdiensten.

* * *

ENSIKAT: Im Kabarett kamen die führenden Persönlichkeiten der DDR kaum vor. Für uns bedeutete also der Wechsel von Ulbricht zu Honecker so gut wie nichts, weil wir beide nicht nennen durften. Wir machten sie höchstens mal etwas nach. Bei Ulbricht war das leicht. Wenn ein Parteisekretär auf der Kabarettbühne auftrat, sprach er meistens Sächsisch und war damit schon denunziert. Das funktionierte komischerweise auch in Sachsen. Der Wechsel von Ulbricht zu Honecker war also ein Wechsel im Dialekt. Wenn man den andeutungsweise nachmachte, selbstverständlich ohne seinen Namen zu nennen, dann hatte das natürlich auch seine komische Wirkung. Aber eigentlich war so ein Personalwechsel unerheblich. Das waren ja reine Funktionsträger. Als Personen traten sie kaum in Erscheinung.

BAHR: Für mich waren die Verhandlungen über den Grundlagenvertrag, die sich dann anschlossen, das erste Mal, dass ich Honecker begegnet bin, von ihm empfangen wurde. Vorher hatte ich Herbert Wehner gefragt. Der kannte ihn ja aus dem Saarland. Das Interessante und für mich wirklich Maßgebende war die Charakterisierung durch Wehner: »An dessen

Händen klebt kein Blut.« Das heißt, was immer da sonst ist, das ist kein unanständiger Mensch.

ENSIKAT: Das war auch für uns etwas ganz Entscheidendes: Der Mann hatte im Gefängnis gesessen. Der hatte für seine Überzeugung etwas auf sich genommen, war also kein Egon Krenz, der über die Jungen Pioniere zur FDJ und dann in die Partei kam. Das hielt uns eben auch davon ab, leichtfertig über ihn zu urteilen. Diese Generation hatte für ihre Überzeugungen Opfer bringen müssen. Er saß zwölf Jahre im Zuchthaus in Brandenburg.

BAHR: Ich kann über diese Zeit nicht sprechen, ohne Michael Kohl zu nennen. Der war nun ein Produkt der DDR – hochintelligent, ein Funktionär, sehr befangen, verkrampft. Als wir uns das erste Mal in Bonn gesehen haben, dachte ich … Ich habe das damals gesagt und wiederhole es gern: »Gegen den war Gromyko ein Playboy.« Ich brauchte lange Zeit, bis ich warm wurde mit ihm, bis man sich mal einen Witz erzählen konnte und er wenigstens das Gesicht dabei verzog. Später haben wir dann auch mal gelacht. Wir sind uns in zwei Jahren ungewöhnlich enger Zusammenarbeit etwas nähergekommen, sahen uns ja jede Woche, mindestens alle zwei Wochen über mehrere Tage und kamen dann auch ins Gespräch. Nachdem ich die Nierensteine seiner Frau schon kannte, mussten wir ja auch mal über was anderes sprechen. Eines Tages sagte ich zu ihm: »Der Kommunismus ist zum Untergang verurteilt.« Das fand er unerhört. Ich sagte: »Das kann ich sogar beweisen.« Das wollte er hören. Ich sagte: »Wenn ich Thukydides, Sophokles, und wie die ollen Griechen alle hießen, heute noch verstehen kann, heißt das, dass die Menschen sich nicht verändert haben in ihrer Grundsubstanz. Liebe, Macht, Reichtum, Einfluss ... Wenn das über zweitausend Jahre lang so ist, kann ich nur sagen, dann haben Sie keinen großen Erfolg gehabt, einen neuen Menschen zu schaffen, jedenfalls nicht seit 1917. Dass die Arbeit als höchster, bester, schönster Inhalt des Lebens betrachtet wird, das ist noch nicht ganz geglückt. Wenn ich mich darin irren sollte, dann werden wir uns in fünfhundert Jahren noch mal zusammensetzen, und ich werde mich entschuldigen.

ENSIKAT: Es gab bei uns diesen Witz über den Unterschied zwischen Kapitalismus und Sozialismus – im Kapitalismus beutet der Mensch den Menschen aus, im Sozialismus ist es umgekehrt.

BAHR: Ja, den kannten wir auch.

ENSIKAT: Aber der Michael Kohl war doch in einer wahnsinnig schwierigen Situation! Wenn ich mir das überlege – unter unseren Funktionären galt doch eine so strenge Sprachregelung. Davon nur im Geringsten abzuweichen, konnte ja schon das Amt kosten.

BAHR: Wir haben uns manchmal oder sogar öfter in Vier-Augen-Gespräche gerettet.

ENSIKAT: Aber wussten die vier Augen immer, ob nicht noch ein Ohr dabei war?

BAHR: In Ostberlin war immer ein Ohr dabei. Das war völlig klar. Aber wichtige Sachen besprachen wir dann eben in Bonn.

Ensikat: Und da war kein Ohr?

Bahr: Nein. Ich erzähle Ihnen jetzt mal ein Geheimnis. Ich habe unseren Dienst gefragt, ob er das Hotel, in dem wir Kohl und seine Delegation untergebracht hatten, so verkabeln könne, dass man auch hören kann, was sie da sagen. Nach vierundzwanzig Stunden erklärten sie mir, das könnten sie nicht. Unsere Genugtuung bestand dann darin, dass wir sicher waren, die DDR-Leute wären sicher, hier abgehört zu werden, und das wurden sie gar nicht.

Ensikat: Das war der besondere Trick.

Bahr: Jawohl, so gut waren unsere Dienste. Aber zurück zur Sache. Die größte Schwierigkeit bei dem Transit-Abkommen war natürlich sicherzustellen, dass jedermann das Territorium der DDR durchqueren konnte wie einen Korridor. Die Zugriffs- und Kontrollrechte der DDR waren wirklich begrenzt. Für den Fall von Missbräuchen oder Meinungsverschiedenheiten richteten wir eine gemeinsame Kommission ein. Nicht ein einziges Mal war es nötig, die vier Mächte anzurufen, die für den Fall bereitstanden, etwas zu schlichten oder zu entscheiden.

Ensikat: Aber es gab doch Personen, denen die Durchreise durch die DDR verboten war.

Bahr: Das mag sein.

Ensikat: Ich habe eine Freundin, deren Vater CIA-Spion war; er war in der DDR verurteilt worden, hat lange gesessen und wurde dann abgeschoben. Seine Familie ging mit. Meine Freundin wollte das erst nicht, ging dann aber doch. Die durfte bis 1989 den

Boden der DDR nicht mehr betreten, auch die Transitwege nicht. Sie versuchte es mehrmals und wurde immer zurückgeschickt.

BAHR: Aber das war ja der Erfolg. Der Kohl sagte, und das konnte man sogar verstehen, wenn Spione enttarnt wurden oder Leute aus der DDR geflohen waren: »Fahnenflüchtige können wir nicht durchlassen. Das können Sie nicht verlangen.« Ich erwiderte: »Tut mir schrecklich leid, es müssen alle durchgehen können, auch der Präsident der Heimatvertriebenen oder Axel Cäsar Springer – alle!« Aber das wollte er nicht. Also mussten wir es anders versuchen. Wir verständigten uns auf das Prinzip: »Jeder, der reinkommt, kommt auch wieder raus. Das heißt, wenn ihr einen auf keinen Fall wollt, müsst ihr ihn abweisen. Ihr dürft ihn aber nicht reinlassen und dann verhaften.« Das hat dann, wie gesagt, auch funktioniert und war eine wichtige Sache. Westberlin wurde partiell von seiner Inselsituation befreit und wie durch einen Damm ans Festland Bundesrepublik angeschlossen.

ENSIKAT: Später hieß es dann manchmal bei uns, wenn es Westberlin nicht gäbe, müsste man es erfinden. Ich weiß zum Beispiel von einem Freund, der in der Charité arbeitete, dass manche wichtigen Medikamente, die es im Osten nicht gab, aus Westberlin herangeschleppt wurden. Mit der Ostwährung trieb auch die DDR Handel. Man trug sehr viel Ost-Mark rüber nach Westberlin, um dafür Devisen zu kriegen. Die gesamte Versorgung der hohen Funktionäre in Wandlitz kam ja aus Westberlin. Ich glaube, dass Westberlin im Laufe der Zeit nicht nur etwas ganz Normales wurde, sondern beinahe überlebenswichtig.

BAHR: Das habe ich gar nicht so gesehen. Aber es kann natürlich sein. Ich war jedenfalls stolz auf die Normalisierung.

ENSIKAT: Nicht nur für die Beschaffung von Honeckers Softpornos war es wichtig, dass Westberlin vor der Tür lag. Schalck-Golodkowski ließ doch oft genug seine Leute in Westberlin einkaufen, um Wandlitz zu versorgen. Aber eben nicht nur! Wie gesagt, auch Medikamente und vieles andere kam aus Westberlin in die DDR.

BAHR: Meine Erinnerung an das Transit-Abkommen ist verbunden mit dem Tag im Herbst 1971, als Willy Brandt den Friedensnobelpreis bekam. Als die Meldung kam, war ich gerade wieder mit Michael Kohl beschäftigt, in Bonn. Zuerst fand ich das nur interessant. Dann wurde mir langsam bewusst, was das für eine dolle Sache war – ein Deutscher bekommt den Friedensnobelpreis! Wann war das zum letzten Mal passiert? Ich unterbrach die Sitzung und sah dann unten, wie alle Minister dem Brandt gratulierten. Ich auch. Er sagte zu mir: »Da musst du mitkommen. Der ist zum Teil auch für dich.« Ich flog also mit nach Oslo zu den Feierlichkeiten. Am Nachmittag kam die Meldung, dass ein Punkt in unseren Verhandlungen noch offen war, die DDR aber bereit wäre, darüber zu reden.

Am nächsten Morgen flog ich mit einer Sondermaschine der Bundeswehr über einen Luftkorridor, den es eigentlich gar nicht gab, von Stockholm nach Ostberlin, landete dort und fuhr ins Haus der Ministerien, regelte die Angelegenheit, gab eine kurze Pressekonferenz, fuhr wieder auf den Flugplatz und flog nach Bonn. Dort ging ich in mein Büro, um noch weitere Dinge zu regeln, und flog dann zurück nach Stockholm, um rechtzeitig im Smoking zum Abendessen zu kommen. Die staunten alle, weil sie mich eben noch im Fernsehen auf der Pressekonferenz in Ostberlin gesehen hatten.

ENSIKAT: Wo haben Sie sich denn umgezogen?

BAHR: Ja, das weiß ich nicht mehr. Aber es hat jedenfalls geklappt. Ich war zwar sehr, sehr müde, aber auch sehr, sehr zufrieden. Zumal mir Michael Kohl gesagt hatte: »Nun haben Sie ja endlich das, was Sie schon immer wollten. So können Sie das jetzt vielleicht auch mit der Einbeziehung Berlins schaffen.« Berlin war ja immer ausgeklammert.

ENSIKAT: Westberlin war auch für uns das verbotenste Ausland. Ich habe als Regisseur am Kindertheater in Belgien, Äthiopien, Algerien und in der Bundesrepublik gearbeitet. Westberlin war nicht möglich, obwohl ich auch von da Angebote hatte, die ich gern angenommen hätte. Ich hätte gern mal mit dem »Gripstheater« oder der »Roten Grütze« zusammengearbeitet. Doch das war aus zwei Gründen nicht möglich: Erstens waren das linke Truppen, und vor nichts hatte die DDR mehr Angst als vor den Linken im Westen, und zweitens war es die besondere Lage Westberlins.

Bahr: Wir haben danach sofort ohne Pause weiterverhandelt. Der Grundlagenvertrag wäre nicht zustande gekommen, wäre Brandt nicht so entschlossen und mutig gewesen. Denn in der Zwischenzeit war die Basis der sozialliberalen Koalition immer schmaler geworden.

Ensikat: Die FDP …

Bahr: Einer nach dem anderen sprang ab, und plötzlich hatten wir keine Mehrheit mehr, bekamen keinen Kanzlerhaushalt mehr bewilligt. Und dann kamen – ich weiß ja nicht, wie man das im Osten gesehen hat – immer wieder besorgte Genossen aus der eigenen Partei und klagten: »Wegen eurer Ostpolitik sind wir in diese schreckliche Situation geraten. Könnt ihr da nicht was ändern? Könnt ihr nicht ein bisschen vorsichtiger sein, langsamer, milder, ein bisschen abwarten?«

Ensikat: Ja, und wir bangten darum, dass diese Ostpolitik eventuell abgebrochen werden könnte. Sie war schließlich unsere Hoffnung,

Bahr: Brandt war dann derjenige, der entschied: »Wenn ich überzeugt bin, dass etwas richtig und nötig ist, dann muss ich es auch tun. Besser mit wehenden Fahnen als auf den Knien untergehen!« Mit diesem Mut haben wir die Verhandlungen über den Grundlagenvertrag weitergeführt, als ob nichts wäre. Und das ist von der Bevölkerung im Herbst 1972 auch honoriert worden mit dem größten Wahlerfolg in der Geschichte unserer Partei.

Ensikat: Ich erinnere mich noch an das Misstrauensvotum 1972. Ich war gerade auf einem Theatergastspiel in Bulgarien. Als die entscheidende Abstimmung stattfand, war ich gerade auf der Bühne. Als wir endlich von der Bühne kamen, kamen uns die bulgarischen Kollegen entgegen mit dem Victory-Zeichen.

BAHR: Ach!

ENSIKAT: Das hieß, Brandt hatte gesiegt. Das war wirklich nicht nur für uns Ostdeutsche, ich glaube, das war für die Osteuropäer eine ganz wichtige Sache.

BAHR: Ich erinnere mich natürlich an dieses Misstrauensvotum, schon deshalb, weil ich gar nicht im Bundestag war. Ich war im Kanzleramt geblieben, weil wir selbstverständlich davon ausgehen mussten, dass Herausforderer Rainer Barzel gewinnen würde.

ENSIKAT: Ja, das war zu fürchten!

BAHR: Und da musste einfach jemand an Bord sein und aufpassen, dass der Laden nicht sofort übernommen wird oder weiß der Teufel was passierte. Danach haben wir uns dann in den Armen gelegen.

ENSIKAT: Wir uns in Bulgarien auch.

BAHR: Den Grundlagenvertrag haben wir dann unter dem Gesichtspunkt zustande gebracht, dass er, genauso wie das Vier-Mächte-Abkommen, bis zur Einheit halten muss. Das hat er dann auch. Nichts musste grundsätzlich verändert werden. Hier und da wurde noch etwas ergänzt. Der schwierigste Punkt bei diesem Vertrag war die Frage der Nation. Die DDR wollte nicht, dass das Wort Nation überhaupt im Vertrag erscheint. Ich meinte, dass das Wort erscheinen müsse.

Das blieb offen bis zur letzten Sitzung. Ich sagte dann zu Michael Kohl: »Ich kann nichts unterschreiben, was die Frage der Nation nicht beinhaltet.« Die Sitzung wurde unterbrochen. Nach einer persönlichen Entscheidung von Honecker einigten wir uns schließlich auf eine Formulierung in der Präambel, in der steht, dass wir in der Frage der Nation wie in anderen Grundsatzfragen zu keiner Einigung gekommen wären. Und das war es – die Methode, die wir schon im Passierscheinabkommen angewandt hatten, haben wir im Prinzip übertragen: Wenn es in einem Punkt keine Einigung gab, wurde dieser Punkt ausgespart. Dann ging es sozusagen reibungslos bis zum Ende der Verhandlungen. Die Unterschriften ließen wir offen bis nach der Bundestagswahl im November 1972. Denn wenn es danach eine andere Regierung gegeben hätte, musste diese frei sein zu sagen: »Wir machen das so nicht. Wir müssen neu verhandeln.«

ENSIKAT: Das heißt, der Vertrag wurde nur paraphiert?

BAHR: Ja. Aber das Ergebnis war so, dass man es dann auch unterschreiben konnte. Und Brandt sagte mir: »Das ist dein Vertrag, den darfst du auch unterschreiben.« Und das sollte in Berlin sein.

ENSIKAT: Da gab es doch – zumindest bei uns – Gerüchte, dass Brandt nicht nach Berlin kommen sollte oder wollte.

BAHR: Das war nicht der entscheidende Punkt. Am Rande der Verhandlungen sprachen wir natürlich auch über die Möglichkeit eines Besuches des Bundeskanzlers. Aber wo? In der Hauptstadt der DDR? Und darf er über Westberlin kommen? Das war nicht geklärt. Brandt wollte nicht nach Ostberlin, ohne vorher in Westberlin gewesen zu sein. Das wiederum wollte die DDR nicht. Sie bot an, dass die Bundeswehr in Schönefeld landet. Aber dann war die Frage, ob er von da aus nach Westberlin durfte.

Ensikat: Über solche Statusfragen haben wir damals sehr gelacht. Das war einfach komisch.

Bahr: Wir haben überhaupt nicht gelacht, so lächerlich es eigentlich war. Jedenfalls hatte Brandt eine Aversion gegen das alles und sagte: »Ich will das jetzt nicht.« Er war ja auch erschöpft nach diesen Jahren von 1969 bis 72 und hatte einen irren Wahlkampf hinter sich. Sogar seine Stimmbänder mussten geschält werden, was nicht angenehm ist. Und rauchen durfte er auch nicht mehr. Er sagte mir später mal: »Du, ich hab da jeden Tag was falsch gemacht und war nicht in der Lage, das zu ändern. Ich kann dir nur sagen, hör nicht plötzlich auf zu rauchen.« So habe ich den Vertrag dann unterschreiben dürfen. Im Grunde war damit der Höhepunkt der sozialliberalen Koalition erreicht. Wir hatten alles erreicht, was wir uns vorgenommen hatten.

Ensikat: In sehr kurzer Zeit.

Bahr: In sehr kurzer Zeit. Dann kam es zur Erschlaffung. Der Scheel sagte dem Brandt damals: »Herr Bundeskanzler, das nächste Jahr benutzen wir erstens, um uns auszuruhen, und zweitens, um dem Volk zu erklären, was wir da gemacht haben. Das alles ist noch gar nicht im Bewusstsein der Leute.« Wir hatten den Höhepunkt erreicht. Und nach dem Höhepunkt geht's – natürlich bergab.

* * *

Ensikat: Ich erinnere mich an Brandt-Karikaturen jener Zeit, die ihn auf Wolken schwebend darstellten, weitab von allen Problemen, ein abgehobener, müder Kanzler.

Bahr: Ja, er hat sich dann im Laufe des Jahres 1973 etwas erholt. Er war zwar noch immer schwach. Aber er war nicht der über den Wolken Schwebende. Wer diese seltsame Partei SPD vierundzwanzig Jahre lang als Vorsitzender leitet, der weiß, wo Barthel den Most holt. Der weiß, wie und mit wem man telefonieren muss. Der verstand auch was von Taktik.

Ensikat: Ich hatte den Eindruck, dass wir Ostdeutschen von dem, was Sie und Brandt getan hatten, viel mehr wussten als die Leute in München oder Düsseldorf. Denn das betraf uns ja ganz wesentlich.

Bahr: Das mag auch daran gelegen haben, dass sich die Menschen in der Bundesrepublik gesagt haben: »Entspannung ist einfach ein Zugewinn an Sicherheit.« Aber Sicherheit und Ruhe sind Zwillinge. Und deshalb waren sie einfach zufrieden, ohne sich klarzumachen, was das alles wirklich bedeutete. Die innere Abwendung vom Osten war damit abgemildert.

Ensikat: Sie haben in anderem Zusammenhang gesagt, die Westdeutschen hätten immer nur nach dem Westen gesehen, und die Ostdeutschen haben auch nur nach Westen geguckt …

Bahr: Ja, unsere Blicke konnten sich gar nicht begegnen.

Ensikat: Und ich würde sagen, mit der Ostpolitik geschah es zum ersten Mal, dass unsere Blicke sich begegneten.

Bahr: Jedenfalls wussten wir, dass es der Beginn eines langen Prozesses war, an dessen Ende die Einheit stehen sollte. Der Brief zur deutschen Einheit wurde von der DDR ohne großes Federlesen sofort akzeptiert. Das hatten die Russen veranlasst.

Ensikat: Ja natürlich, und was die Russen sagten, das wurde zu Breschnews Zeiten widerspruchslos akzeptiert. Für uns war dieser ständige Kampf um Anerkennung, zuerst unter Ulbricht und dann unter Honecker, immer eher lächerlich. Diese staatliche Anerkennung war uns – wahrscheinlich hatten wir damit unrecht – gar nicht so wichtig. Andererseits fanden wir mindestens genauso lächerlich, wie sich die Bundesrepublik gegenüber der DDR verhielt. Zuerst war das nur die SBZ, Adenauer nannte das auch manchmal einfach »Pankoff«, dann kam die Zeit der DDR als Gänsefüßchenrepublik, und dann kam der Kiesinger mit seinem »Phänomen«. Ich saß damals vor dem Fernseher und dachte, der beschreibt das mit diesem Wort ziemlich genau. Übrigens beiseite gesprochen: Ich glaube, für die meisten Westdeutschen sind wir bis heute ein Phänomen geblieben.

BAHR: Na gut, aber das ist ein anderes Thema.

ENSIKAT: Durch den Grundlagenvertrag bekam die DDR etwas, was für den Einzelnen wie für den Staat sehr wichtig ist, nämlich Selbstbewusstsein. Mit einem selbstbewussten Menschen lässt es sich viel besser verhandeln, und es lässt sich besser leben mit ihm.

BAHR: Herr Ensikat, das war auch die Absicht. Ich habe dem Michael Kohl – den haben wir immer Rotkohl genannt, damit es keine Verwechslung mit Helmut Kohl geben konnte – dem habe ich gesagt: »Wenn wir uns einig sind über den Grundlagenvertrag, entsperren wir international.« – »Auch die Vereinten Nationen?«, fragte er. »Auch die Vereinten Nationen.« Als dann klar wurde, dass wir zur Paraphierung kommen würden, hatten wir schon kleine Vorleistungen – in Genf zum Beispiel – erbracht. Das war in der Tat für die DDR eine große Sache, die aber auch sein musste. Wenn man eine Konferenz für Sicherheit und Zusammenarbeit in Europa machen wollte, würde die DDR ja gleichberechtigt am Tisch sitzen. Und das geschah dann auch 1975 in Helsinki. Aber vorher wollten wir die Sache zwischen den beiden deutschen Staaten in Ordnung gebracht haben. Dafür brauchten wir die Unterstützung der Russen sowie der drei Westmächte, und wir bekamen sie. Die hofften nämlich, dass das die endgültige Bestätigung der Teilung Europas, der Teilung Deutschlands und Berlins wäre. Wir aber betrachteten das als Beginn eines Prozesses und behielten zum Glück recht. Um das zu erreichen, schrieben wir einen Brief an unsere vier Oberen, also die Russen und die drei Westmächte, in dem stand, dass auch der Beitritt der beiden deutschen Staaten zu den Vereinten Nationen die unkündbaren Rechte der vier Siegermächte über Deutschland als Ganzes und Berlin nicht berührt. Kohl und ich, wir haben uns zugelächelt, denn den Brief hatten wir gemeinsam entworfen. Wir waren uns bei allen Unterschieden über eines im Klaren: Die volle Souveränität gab es weder für den einen noch für den anderen deutschen Staat.

ENSIKAT: Die Abhängigkeit von der jeweiligen Siegermacht betraf beide, auch wenn die DDR von Moskau abhängiger war als die Bundesrepublik von Washington.

BAHR: Es lebe der kleine, es lebe der große Unterschied! Drei Mächte haben dann natürlich auch geantwortet, wie sich das gehört, und den Brief im Wortlaut bestätigt. Die Amerikaner aber fügten noch hinzu, dass der Beitritt der beiden deutschen Staaten die Rechte der vier Mächte gar nicht berühren *kann*. Es war ein bisschen deftiger, aber es stimmte ja – es passiert selten, dass die Besiegten über die Sieger bestimmen. Als Brandt Bundeskanzler geworden war, hatten ihm die Beamten ein Schreiben an die drei Botschafter in ihrer Funktion als Hochkommissare vorgelegt, in dem stand, er wäre damit einverstanden, dass bestimmte Artikel des Grundgesetzes suspendiert bleiben müssten. Brandt sagte: »Ich denke gar nicht daran, schließlich bin ich frei gewählt.« Aber dann musste er erfahren, dass Adenauer einen solchen Brief unterschrieben hatte, dass auch Erhardt und Kiesinger den Brief unterschreiben mussten. Da sagte er sich: »Dann kann ich das halt auch.« Ob auch Helmut Schmidt und Helmut Kohl so einen Brief unterschrieben haben, weiß ich nicht. Aber das war die völkerrechtliche Realität.

ENSIKAT: Für uns bedeutete dieser Grundlagenvertrag, komischerweise auch für den ganz normalen DDR-Bürger, der mit Staat und Partei gar nichts am Hut hatte, einen Zuwachs an Selbstbewusstsein und, ja, auch an Courage gegenüber dem eigenen Staat. Denn das, was dann 1975 in der Schlussakte von Helsinki beschlossen wurde, zum Beispiel über die Achtung der Menschenrechte und Grundfreiheiten, Gedankenfreiheiten, war ja eine Folge dieses Grundlagenvertrages. Das war für uns auch ein Argument für die Forderung nach mehr Freizügigkeit zum Beispiel.

BAHR: Wir wollten natürlich, dass die DDR ein stärkeres Selbstbewusstsein entwickelte.

ENSIKAT: Aber der DDR-Bürger entwickelte eben auch seinem Staat gegenüber mehr Selbstbewusstsein. Wenn Sie so wollen, war das auch eine Folge der Ostpolitik.

BAHR: Das war natürlich ein Teil der Konsequenz aus dem Ganzen. Wir begannen ja auch, die DDR ernster zu nehmen, redeten nicht mehr ausschließlich mit Moskau über sie. Die DDR wurde auch für uns aufgewertet. Wir waren daran interessiert, dass sich ein Eigenleben zwischen uns entwickeln konnte, soweit das eben möglich war.

ENSIKAT: Zeitweise war es das ja sogar. Selbst in Momenten der absoluten Eiszeit zwischen Moskau und Washington haben sich Honecker und Helmut Schmidt schließlich noch getroffen.

BAHR: Nicht nur das. Es ging in einer ganz anderen Richtung noch viel weiter. Im Grundlagenvertrag gab es im Artikel 5 etwas, was fast nicht beachtet worden war, im Grunde zur damaligen Zeit aber eine Ungeheuerlichkeit darstellte. Da stand, dass beide deutsche Staaten auch in europäischen Sicherheitsfragen einander konsultieren und sich absprechen würden. Und das passierte dann auch. Unter anderem weil das Bewusstsein dafür wuchs, dass wir entweder gemeinsam leben oder gemeinsam untergehen würden. Schon wegen der nuklearen Bedrohung wuchs dieses Bewusstsein. Es gab jetzt die Vokabel »Verantwortungsgemeinschaft«. Wer auch immer sie erfunden hat, ob Kohl oder Honecker, dass sie darüber gestritten haben, ist doch fabelhaft.

ENSIKAT: Finde ich auch.

BAHR: Die Arbeit der Palme-Kommission für Abrüstung und Sicherheit war in diesem Zusammenhang ungeheuer wichtig. Die hat das Ganze im Prinzip »gemeinsame Sicherheit« zusammengefasst. Das heißt, selbst ein Gegner ist mein Partner, wenn es um die Sicherheit geht. Denn gewinnen kann keiner mehr.

ENSIKAT: Ich fand es damals ausgesprochen mutig von Honecker, dass er diese Raketen – egal, ob die SS 20 des Warschauer Paktes oder die westlichen Mittelstreckenraketen – »Teufelszeug« nannte.

Bahr: So mutig war Helmut Kohl nicht. Ich muss sagen, dass ich schlaflose Nächte hatte, als es 1979 in den Verhandlungen zum NATO-Doppelbeschluss darum ging, dass in der Bundesrepublik Raketen stationiert werden sollten. Pershing II, die Moskau in sieben Minuten erreichen konnten. Und in der DDR sowjetische Raketen, die in zwei Minuten die Pershing am Aufstieg hindern konnten. Das hieß, wer zuerst auf den Knopf drückte, hatte gewonnen. Jedenfalls die erste Runde. Die Großen haben sich auf diese Weise vom Schicksal Mitteleuropas abgekoppelt. In beiden deutschen Staaten wäre ein atomarer Exerzierplatz entstanden. Wir hatten gesagt, wir behalten uns vor, nein zu sagen zur Stationierung, bis das Ergebnis der Verhandlungen feststeht. Aber Kohl hat dann als Bundeskanzler einen Blankoscheck ausgestellt. Egal ob das Ergebnis der Verhandlungen positiv oder negativ ist, wir sagen ja zur Stationierung. Da hatte ich Sorge.

Ensikat: Es soll damals amerikanische Reisebüros gegeben haben, die mit dem zynischen Slogan warben: »Besuchen Sie Europa, solange es noch steht!«

Bahr: Das weiß ich nicht, aber es ist denkbar. Es war empörend. Ich war kurz zuvor als Bundesgeschäftsführer meiner Partei mit dem Programm beschäftigt und meinte, wenn man alles Programmatische eindampft, bleibt zum Schluss nur übrig: Wir brauchen eine Gesellschaft, in der der Mensch seine Fähigkeiten in Würde entfalten kann. Und dann erfahre ich: Der Oberbefehlshaber der NATO hat die Einführung der Neutronenbombe angeordnet. Da gehen nur die Menschen kaputt, die Gebäude bleiben stehen. Das fand ich so empörend, dass ich lautstark protestierte. Das war der einzige Punkt, in dem ich mich gegen Helmut Schmidt durchgesetzt habe. Das hat er nicht gern gehabt. Aber am Abend nach meinem Aufschrei rief mich der Bundespräsident an, damals Walter Scheel: »Herr Bahr, Sie werden sich damit nicht durchsetzen, aber bleiben Sie dabei.« In der Tat ist dann dieser Beschluss zurückgenommen worden. Wir haben nie Neutronenbomben bekommen. Aber ich bin noch heute sicher, dass sich sowohl die Amerikaner als auch die Sowjets gesagt haben: »Wir müssen sehen, dass auf unserem heiligen Territorium nichts passiert. Wenn es also anders nicht geht, dann soll es wenigstens nur Mitteleuropa treffen.«

ENSIKAT: Ich erinnere mich an die lähmende Angst in dieser Zeit. Die hat, glaube ich, Ost- und Westdeutsche damals vereint. Als Honecker von diesem »Teufelszeug« sprach, meinte er damit ja nicht nur die bösen Pershings sondern auch die ebenso bösen SS 20.

BAHR: Ja, man konnte richtig stolz sein, dass die beiden deutschen Staaten, als es kühl wurde zwischen Washington und Moskau, sich an die Ergebnisse der Entspannung hielten. Darum wurden wir von anderen sogar beneidet.

ENSIKAT: Das war einer der wenigen Momente, in denen ich auch stolz war auf dieses Deutschland, auf beide Teile.

Bahr: Aber was nun die Palme-Kommission angeht, ich war da drin, und Palme sagte zu mir: »Überleg doch mal, wie das ist mit den Grundgesetzen der Sicherheit im atomaren Zeitalter.« Und ich kam dann auf die Formel, dass man nur gemeinsam sicher sein kann. Das Papier schickte ich dann Carl Friedrich von Weizsäcker – ein fabelhafter Wissenschaftler – mit der Bitte um kritische Durchsicht. Er antwortete: »Das Ding hat einen Fehler. Es ist nicht von mir.«

* * *

BAHR: In der Palme-Kommission, die von 1980 bis 1982 unter der Leitung von Olof Palme arbeitete, war auch ein Russe, der das alles mittrug – Juri Arbatow. Ich hatte ihn schon vorher gekannt, aber jetzt wurden wir richtige Freunde. Bei einer Sitzung in London sagte er zu mir: »Du musst aufpassen, da gibt es jetzt bei uns einen interessanten Mann.« – »Und wie heißt er?« – »Michail Sergejewitsch Gorbatschow«, sagte er. »Was macht der denn?« – »Der ist für Landwirtschaft zuständig.« Ich beschloss sofort, den Namen wieder zu vergessen. Denn wie kann jemand, der für Landwirtschaft zuständig ist, ein für uns interessanter Mann werden? Aber Arbatow hatte Gorbatschow über die Arbeit der Palme-Kommission berichtet, was ich jedoch erst später erfuhr. Ich begegnete ihm zum ersten Mal vier oder sechs Wochen nachdem er 1985 im Kreml die Nummer eins geworden war. Wir fingen natürlich an, über Außen- und Sicherheitspolitik zu reden. Er erläuterte mir in zwanzig Minuten seine Vorstellungen von den Prinzipien der gemeinsamen Sicherheit, seine Vorschläge zur atomaren und konventionellen Abrüstung. Als ich Arbatow wieder traf, fragte ich ihn: »Mensch, wie ist das möglich?« Darauf sagte er, dass er Gorbatschow über jede Sitzung unserer Palme-Kommission berichtet hatte und dass der die Ergebnisse zu seiner Sache gemacht hat. Etwas Besseres konnte uns nicht passieren, denn in der Tat: Das historische Verdienst Gorbatschows ist unbestreitbar – er hat dem Wettrüsten ein Ende gesetzt.

Ensikat: Ja, er war doch meines Wissens auch der Erste, der vom »Gemeinsamen Haus Europa« sprach.

Bahr: Ja, er war der Erste. Das sollte dann die Fortsetzung sein. Aber dazu kam es nicht mehr.

Ensikat: Es war ziemlich erschreckend für uns, die wir in diesen Gorbatschow ähnliche Hoffnungen setzten wie zuvor in Dubček in Prag, wie misstrauisch er vom Westen aufgenommen wurde. Dieser Goebbels-Vergleich, der von Kohl kam ... dass beide, Gorbatschow und Goebbels, etwas von PR verstünden. Ich finde, der Westen allgemein, aber im Besonderen Kohl und Reagan, haben es dem Gorbatschow denkbar schwergemacht. Die haben von ihm Vorleistungen verlangt, dass es ihn fast übermenschliche Anstrengungen gekostet hat, sich da in seinem Betonkopf-Verein durchzusetzen. Ich glaube, Reagan hat lange Zeit überhaupt nicht mitgedacht, was da in Moskau los war, was Gorbatschow da zu bewegen hatte.

Bahr: Der Erste, der das Verdienst hat, dieses Misstrauen wenigstens ein bisschen reduziert zu haben, war Genscher. Man sprach vom Genscherismus, wo man früher Neutralismus gesagt hätte. Genscher galt bald als Freund Gorbatschows. Aber es stimmt natürlich. Der Westen war so dumm, dem Gorbatschow das Leben schwerzumachen. Das ist eine Schuld. Aber auch das ist eben alles Geschichte. Ich zum Beispiel war mir sicher: Der wird das machen. Gorbatschow setzte dann das Ziel: Atomare Abrüstung auf null bis zum Jahr 2000. Das hielt ich für illusionär. Aber immerhin brachte er damit einiges in Gang. Dann kam ja die konventionelle Abrüstung noch hinzu … Aber wir sind schon wieder vorweggeeilt. Vielleicht gehen wir noch mal etwas zurück.

ENSIKAT: Zum Treffen Brandt/Stoph 1970 in Erfurt. Das war bei uns auch mit vielen Hoffnungen verbunden.

BAHR: Als diese Begegnung zwischen Brandt und Stoph vereinbart wurde, entschieden wir, dass ich an diesem Tag in Moskau sein würde. Ich habe das also gar nicht gesehen.

ENSIKAT: Aber doch wenigstens im Fernsehen?

BAHR: Ja, danach im Fernsehen. Aber nicht original. Wir wollten sichern, dass die Leute in Moskau so schnell wie möglich, jedenfalls schneller, als die DDR das machte, korrekt informiert würden, nicht erst über Ulbricht. Und das funktionierte auch. Ulrich Sahm, unser Botschafter, war extra dafür abgestellt dafür zu sorgen, dass ich alles bekam. Funktionierte auch. Mit dem Ergebnis, dass die Moskowiter durch uns schneller und genauer informiert wurden als durch die DDR. Einer meiner Gesprächspartner dort sagte: »Was immer man über die DDR sagen kann, eines können sie, wenn sie wollen – Absperrungen können sie organisieren.

Ensikat: Aber das ist doch in Erfurt gerade *nicht* gelungen!

Bahr: Da wurden nicht nur die Absperrungen durchbrochen, da wurde dann auch noch »Willy« gerufen. Ob mit I wie Willi Stoph oder mit Y wie Willy Brandt, wusste man ja nicht.

Ensikat: Also wir in der DDR wussten, welcher Willy gemeint war.

Bahr: Natürlich, wir wussten das auch. Aber dass da in Erfurt auf deutscher Ebene noch nichts passieren konnte, solange wir in Moskau nicht fertig waren, war ja klar.

Ensikat: Das sahen wir natürlich gar nicht so. Für uns war etwas passiert, als sich Stoph und Brandt dort trafen. Das war für uns schon viel. Im Fernsehen sieht sich so was anders an, als wenn man hinten die Strippen zieht.

Bahr: Sie haben recht. Die wirklich große Bedeutung war, dass da die ganze Welt gesehen hat: Wenn die Deutschen dürften, wie sie wollten, gäbe es die deutsche Einheit. Das ist durch die Bilder in die ganze Welt ausgestrahlt worden. Und das ist auch durch die Bilder von Kassel zwei Monate später, für die man sich im Westen schämen muss, nicht mehr verändert worden.

Ensikat: Also wir haben das, was da in Kassel passierte, mit gewisser Häme betrachtet, wie die DKP versuchte, nun auch Sprechchöre für den anderen Willi zu organisieren, und wie jämmerlich das alles ausging. Wir machten Witze darüber, dass Willi Stoph in Kassel eigentlich nur von Herbert Mies begeistert empfangen wurde.

BAHR: Ich kann nur sagen, wir haben uns geschämt dafür, dass man in Kassel die Ordnung nicht aufrechterhalten konnte. Das war nicht in Ordnung.

ENSIKAT: Na sicher. So was erlebten wir immer wieder, wenn wir als Theaterleute in den Westen kamen. Mit unserem Kindertheater hatten wir viele Gastspiele im Westen. In den Diskussionen mit Bekannten oder Leuten, die wir zufällig kennenlernten, gab es fast immer einen Punkt, an dem wir anfingen, die DDR zu verteidigen. Dann nämlich, wenn die DDR als Diktatur mit der Nazi-Zeit verglichen wurde. Also diese simple Gleichsetzung, dieses Klischee von der DDR als Reich des Bösen ... Das hat sich ja bis heute nicht verändert. Und das brachte uns dann dazu, dass wir etwas verteidigt haben, worüber wir zu Hause nur schimpften. Mir ist unvergesslich, wie wir uns einmal – ich glaube, es war in Heidelberg – mit irgendwelchen CDU-Leuten heftig gestritten hatten. Nachts fuhren wir zurück, saßen da im Abteil zweiter Klasse, und der Zug fuhr ganz ruhig, plötzlich aber begann er zu holpern. Wir wussten also, jetzt waren wir wieder auf DDR-Schienen. Ein Kollege schlug die Augen auf und sagt: »So, jetzt können wir wieder meckern.«

* * *

BAHR: Als wir den Grundlagenvertrag hinter uns hatten, konnte nun wirklich die große Konferenz für Sicherheit und Zusammenarbeit in Europa (KSZE) in Helsinki stattfinden, um die sich die Sowjetunion so lange bemüht hatte. Ich muss sagen, Helsinki war ein Wunder. Da passierte etwas, was man sich bis dahin gar nicht hatte vorstellen können. Die Regierungschefs von 35 Ländern saßen nebeneinander und beschlossen etwas, was zwar kein Vertrag war, nie ratifiziert wurde, aber eine unglaubliche Wirkung entfaltete. Alle waren daran interessiert, dass Europa nun so stabil bliebe, wie es geteilt war. Für die Sowjetunion waren die Sicherheitsfragen, die Grenzen das Wichtigste. Ein Nebenpunkt, der Korb zwei hieß das damals, war gar nicht so wichtig. Er betraf die wirtschaftliche Zusammenarbeit und Entwicklung. Für den Westen war der Korb drei der entscheidende, die menschlichen Erleichterungen.

ENSIKAT: Für uns auch. Als diese Papiere veröffentlicht wurden, meines Wissens in der DDR nur im »Neuen Deutschland«, war das Blatt ausverkauft. Das ist dem ND, glaube ich, sonst nie passiert. Mit den Formulierungen aus dem Korb drei, wo es um die

Grundrechte wie Meinungs- und Gewissensfreiheit sowie um die Freizügigkeit ging, begannen die Leute dann zu argumentieren.

BAHR: Das erschien nicht nur im »Neuen Deutschland«, sondern in allen Parteizeitungen des Ostblocks. Das heißt, die Menschen konnten sich darauf berufen. Das war von uns auch so gedacht, als eine Möglichkeit, den Menschen in Ostdeutschland, in Osteuropa ein bisschen Luft zu verschaffen. Das Wort Dissident, das ja aus der Kirchengeschichte stammt, also Abweichler, wurde jetzt gleichbedeutend mit dem politischen Abweichler oder selbständig Denkenden. Wichtig war für uns auch: Die Sowjetunion hatte akzeptiert, dass Amerika mit am Tisch saß. Das hieß, sie akzeptierte, dass man wichtige Entscheidungen in Europa nicht ohne und gegen die Amerikaner treffen konnte. Der Slogan »Ami, go home« verschwand nach Helsinki aus der Propaganda. Der inhaltliche Kern – die Grenzformel – war wörtlich aus dem Moskauer Vertrag übernommen. »Grenzen sind nur im gegenseitigen Einvernehmen änderbar«: Diese Formel wurde dann 1990 wörtlich auch in die Charta von Paris aufgenommen, als Grundgesetz europäischer Stabilität. Das haben wir damals in Deutschland gar nicht zur Kenntnis genommen, weil wir gerade mit der deutschen Einheit beschäftigt waren.

* * *

Ensikat: Wie haben Sie die sogenannte »Guillaume-Affäre« wahrgenommen?

Bahr: Das war im April 1974. Ich kam mit Brandt aus Ägypten zurück. Als wir in Köln-Wahn landeten, sahen wir da viele Menschen, also eine große Versammlung. Brandt sagte noch: »Na, so erfolgreich war die Reise ja nicht, um so einen Bahnhof zu kriegen.« Wir stiegen aus. Der damalige Innenminister Genscher nahm den Kanzler beiseite und Horst Grabert, Chef des Kanzleramtes, mich, um uns mitzuteilen, dass Guillaume am selben Morgen verhaftet worden sei. Mein erster Gedanke war der an einen Zettel, den ich mal geschrieben hatte. Horst Ehmke, Graberts Vorgänger als Kanzleramtschef, hatte mich gefragt, ob wir den einstellen sollten. Rechte Sozialdemokraten, Ehrenberg und Leber, hatten ihn empfohlen, weil der so ein braver Rechter in Frankfurt gewesen war. Allerdings käme er aus der DDR. Ich hatte mir die Akte angesehen und diesen Zettel geschrieben: »Es kann sein, dass man dem Mann Unrecht tut. Aber das Kanzleramt ist zu empfindlich. Ich würde empfehlen: überall, aber nicht im Kanzleramt.« Dann hatte ich nichts mehr von ihm gehört. Aber eines Tages tauchte Guillaume in meinem Büro auf, um sich vorzustellen. Ich fragte Ehmke: »Was ist denn los? Hast du meine Notiz nicht gelesen?« Er sagte: »Doch. Wir haben den Mann durch die Mühlen gedreht wie noch keinen zuvor. Ergebnis: Es gibt keinen Grund, ihn nicht einzustellen.« Zum Glück kam er erst zwei oder drei Tage bevor wir den Grundlagenvertrag paraphierten. Da konnte also noch kein Geheimnisverrat begangen worden sein.

Ensikat: Für uns war es ein ungeheurer Schock, dass ausgerechnet Brandt, dem wir die Ostpolitik verdankten, über einen DDR-Spion stolpern sollte, dass er über den stürzen könnte. Ich habe damals von vielen Freunden den Satz gehört: »Ich schäme mich.«

Bahr: Bei uns war die Wirkung ähnlich, nur eben seitenverkehrt. Ich sagte: »Ich hoffe, wir haben auch so einen guten Spion.« Wir hätten ja nicht gezögert, ihn zu benutzen. Aber wir hatten ihn nicht. An sich war der Guillaume ja kein unsympathischer Mensch. Er war nur … Also er stieß ein bisschen ab, war so wuselig, so begierig zu helfen …

Ensikat: Um sich unentbehrlich zu machen.

Bahr: Ja, besonders sympathisch war er nicht. Aber niemand hat geahnt, dass das in so kurzer Zeit zum Rücktritt von Brandt führen könnte. Ich war dabei, als Vizekanzler Scheel sagte: »Herr Bundeskanzler, das reiten wir auf einer Backe ab.« Aber die andere Backe fehlte. Kein Kanzler kann ohne die Rückendeckung der Fraktion sicher sein. Und diese Rückendeckung, so uneingeschränkt wie Scheel sie ausgesprochen hatte, durch Wehner fehlte sie. Brandt und Wehner hatten unter vier Augen gesprochen. Es gibt keine Aufzeichnungen darüber. Es gibt nur, was Brandt danach gesagt hat, und das war eben: »Ich kann mich auf Wehner nicht verlassen.«

ENSIKAT: Es gab doch kurz vorher diese Geschichte mit Wehner in Moskau …

BAHR: Das war Monate vorher.

ENSIKAT: Aber da zeichnete sich doch schon ab, dass Brandt sich auf Wehner wirklich nicht verlassen konnte. Ich meine, wenn jemand ausgerechnet in Moskau erklärt: »Der Herr badet gern lau«, dann ist das doch ein Affront.

BAHR: Brandt war damals kurz davor, es zum Bruch kommen zu lassen, ihn zu erzwingen. Ich kann nachträglich nur sagen: Bedauerlicherweise hat er das nicht getan. Ich hatte ihm einen falschen Rat gegeben und ihm gesagt: »Wir haben jetzt Wichtigeres zu tun. Du würdest dich durchsetzen, aber wir hätten einen Riss in der Partei.« Der Wehner war dann pflaumenweich und hat den Brandt gebeten: »Lass es uns doch noch mal versuchen.« Und das passierte dann auch. Aber als es schließlich so weit war, wusste ich zwar genau, dass es das Ende einer Ära war. Aber ich habe Brandt trotzdem den Rat gegeben, zurückzutreten. Und das war, glaube ich, richtig in diesem Falle. Ich wollte nicht, dass der Freund beschädigt würde. Er wäre von den Gremien, der Presse, allen Medien gejagt worden. Und nach vier oder sechs Wochen wäre er zerstört gewesen. So hatte er das Gesetz des Handelns noch in der Hand und zugleich die Chance, sich wieder zu erholen.

ENSIKAT: Eine furchtbare Rolle, die die Medien immer mal wieder spielen. Sie schreiben einen erst mal ganz hoch, um ihn dann möglichst tief fallen zu lassen. Ähnliches haben wir ja immer wieder erlebt.

BAHR: Und werden es immer wieder erleben. Die Medien spielen in dieser Gesellschaft eine Rolle, die es ihnen möglich macht, Menschen kaputtzumachen oder hochzujubeln. Allein der Neuigkeitswert entscheidet.

ENSIKAT: Ich habe das mal so gesagt: Journalisten sind Menschen, die sich für wichtig halten, weil sie über Leute schreiben, die sich für wichtig halten, weil Journalisten über sie schreiben. Das ist ein Kreislauf. Die meisten Politiker benutzen die Medien doch auch. Es ist ja nicht so, dass die Medien die Bösen wären und die Politiker die Guten.

BAHR: Nein, sie benutzen sich gegenseitig, auch wenn das kaum etwas bringt. Es hat jedenfalls keinen Sinn, sich gegenseitig zu beschimpfen.

ENSIKAT: Eben. Aber um noch mal auf Guillaume zurückzukommen: Ich war 1979 in Berlin in eine Gegend gezogen, die ich vorher nicht kannte. Als Berliner kennt man seinen Kiez. Ich zog nach Hohenschönhausen, wo ich ein altes Haus gekauft hatte, und brauchte viele Baumaterialien, die ich nicht oder nur sehr schwer bekam. Ganz in der Nähe, in einer Parallelstraße, war eine Baustelle, wo das alles herumlag. Sie war eingezäunt. Die Leute sagten: »Das ist das

Haus für Guillaume, das hier gebaut wird.« Das war 1981, kurz zuvor war Guillaume freigelassen worden. Auf dieser Baustelle lagen also diese Klinker und Kupferdachrinnen herum, all das, was in der DDR ganz schwer zu haben war. Da ging ich oft sehr neidisch vorbei. Aber dann stellte sich heraus, das war kein Haus für Guillaume, sondern für Schalck-Golodkowski, den damals kein Mensch kannte, die normalen Leute jedenfalls nicht. Wer Schalck-Golodkowski war, erfuhren wir erst Ende 1989.

BAHR: Ich habe an Guillaume noch eine andere Erinnerung – eine ganz unglaubliche Geschichte. Er war doch schon bei Brandts Norwegen-Reise beobachtet worden, und ich finde es noch heute unglaublich, dass unsere Dienste den Bundeskanzler als Lockvogel benutzt haben, um einen Spion zu entlarven. Aber wie dem auch sei, er war mit in Norwegen und hat dort auch die Telegramme an den Kanzler in Empfang genommen. Darunter eins von Nixon und eins von der NATO, ich weiß nicht, was sonst noch. Die waren jedenfalls so interessant, dass Guillaume seinen Kurier bestellte mit einem Aktenkoffer. Er selbst trennte sich von der Gruppe, um dem Kurier seinen Koffer mit dem Material zu übergeben und mit dem Koffer des Kuriers, gleicher Machart natürlich, zurückzukommen. Als Guillaume verhaftet worden war, wurde ermittelt, welche Akten welchen Geheimhaltungsgrades in dem Koffer gewesen sein mussten. Was man aber nicht wusste, war, dass der Bote Angst bekommen und den Koffer in den Rhein geworfen hatte. Die Dokumente waren gar nicht in Ostberlin angekommen. Aber durch ihre Verlesung vor Gericht erfuhr Ostberlin dann, um welche Geheimnisse es sich gehandelt hatte. Der eigentliche Geheimnisverrat passierte durch das Gericht – ein ziemlich grotesker Witz! Übrigens hatte die Guillaume-Geschichte nach dem Ende der DDR noch eine Fortsetzung. Ich bekam eines Tages einen Brief von Markus Wolf, dem er einen Brief an Brandt beigelegt hatte. Ich sollte entscheiden, ob ich ihn weitergeben wollte. Das hab ich natürlich getan. Darin stand, dass ihm – Wolf – die Geschichte mit Guillaume schrecklich leidtäte. Das alles sei nicht seine Absicht gewesen, er betrachte die Sache als seine größte Niederlage. Brandt meinte nur: »Die Entschuldigung hilft mir nun auch nicht mehr.« Ich wollte aber gern wissen, ob Honecker von Guillaume gewusst hatte. Das interessierte Brandt auch. Ich fragte also Falin, der damals gerade für ein halbes Jahr in Hamburg war, ob er bei sich zu Hause ein Zusammentreffen mit Markus Wolf arrangieren könnte. So habe ich den Wolf kennengelernt und ihn ziemlich direkt gefragt: »Kannte Honecker Guillaume?« Er sagte, das wisse er nicht. Zum Fall Guillaume habe er Honecker nie direkt Vortrag halten dürfen. Das habe sich Mielke vorbehalten. Ich erzählte ihm dann, wie das bei uns wäre, wenn wir irgendwo so einen Spitzenmann hätten. Dann würde der BND-Chef in einem persönlichen Vier-Augen-Gespräch den Bundeskanzler unterrichten, und der würde entscheiden, ob der Mann bleibt oder abgezogen wird. Aber den Namen würde er dabei nicht erfahren. Darauf erzählte Falin, wie das bei ihm zu Hause gehandhabt wurde. Da hat Stalin jeden Spitzenspion der Sowjetunion gekannt, sich um seine Familie gekümmert und war über alle Umstände informiert. So sei das geblieben, auch unter Michail Sergejewitsch Gorbatschow. Daraus wiederum schloss ich, dass die Usancen in der DDR ebenso gewesen sein müssten, denn die Stasi ist vom KGB gesäugt und großgezogen worden. Also musste Honecker wissen, dass es so einen gab, wie er hieß und wo er herkam. Aber das hat er natürlich geleugnet. Hätte er es zugegeben, hätte sich Brandt nie mit ihm getroffen. Hat er aber. Über Guillaume haben sie nicht gesprochen. Honecker hat Brandt nur seine Hochachtung dafür ausgesprochen, dass er während der Hitler-Zeit illegal nach Berlin gekommen war. Das sei schließlich ein großes Risiko gewesen.

ENSIKAT: Können wir noch mal zu Brandt und Wehner zurückkommen? Der Rücktritt hat Sie doch auch nicht unbeeindruckt gelassen.

BAHR: Als der Rücktritt vollzogen war – Brandt hatte seinen Brief an den Bundespräsidenten schon abgeschickt –, haben wir, Brandt, Wehner und ich, im Amtszimmer des Kanzlers zusammengesessen. Brandt sagte: »Geht schon mal rüber zur Fraktion. Ich komme gleich nach.« Wehner und ich gingen also rüber in den Bundestag. Da sagte er plötzlich: »Jetzt müssen wir zusammenrücken und ganz eng zusammenarbeiten.« Das war für mich nach allem, was vorher war, als ob ich in einen Abgrund blickte. Dann setzten wir uns hin, wenig später kam Brandt. Der Wehner hatte vor sich einen großen Strauß liegen – ich glaube, Rosen … Aber das weiß ich nicht mehr genau. Er brüllte in den Saal: »Du weißt, wir lieben dich!« Das Wort »Liebe«, aus diesem Mund zu diesem Anlass, das war für mich so unerträglich, dass ich die Tränen nicht mehr zurückhalten konnte. Wenn ich gewusst hätte, dass eine Kamera auf mich gerichtet war, hätte ich es vielleicht geschafft. Aber ich wusste es nicht. Das Dumme war, dass manche Leute dachten, ich hätte geweint, weil Brandt zurücktrat. Aber das war ja alles längst klar in diesem Moment, das war längst innerlich verarbeitet, aber Wehners Beteuerung – das war zu viel.

ENSIKAT: Warum hat sich Wehner Brandt gegenüber so verhalten?

BAHR: Die Frage haben wir uns natürlich auch gestellt. Wehner war eine ungeheuer komplexe Persönlichkeit, mit vielen Facetten. Zuerst muss man sagen, hielt er sich natürlich für intelligenter als Brandt, intelligenter als Schmidt, intelligenter als Honecker. Vom Kopf her hätte er Kanzler sein müssen. Aber er war klug genug zu wissen, dass er mit seiner Vergangenheit nicht Kanzler werden konnte. Also versuchte er, alle drei zu manipulieren. Mit großem Geschick und nicht ohne das anzuwenden, was er in Moskau gelernt hatte. Ich erinnere mich: Brandt, Wehner und ich saßen zusammen, um zu besprechen, ob er – Wehner – einer Einladung Honeckers nach Wandlitz folgen sollte. Wehner hatte Angst, richtige Angst: »Da kann was passieren. Da kann was arrangiert werden.« Ich hab zu ihm gesagt: »Hör mal, da bist du sicherer, als wenn du in New York über die Straße gehst.« Er darauf: »Da gibt es Sachen, die sind nicht zu vergeben und zu vergessen. Das versteht ihr nicht.« Das »ihr« hieß ihr Sozialdemokraten …

ENSIKAT: Und: ihr, die ihr nicht in Moskau wart!

BAHR: Ja. Und nachdem er 1973 die Schwäche Brandts erlebt hatte, sah er wohl die Regierungsfähigkeit der Partei gefährdet und dachte wahrscheinlich, es wäre besser, ihn durch Schmidt zu ersetzen. Im Interesse der Partei und in seinem eigenen – Wehners – Interesse auch.

ENSIKAT: Was mich bei Wehner immer ein bisschen misstrauisch gemacht hat, das war – Sie beschreiben es ja auch – dieses Parteisoldatenhafte. Diese Parteidisziplin, die man ja bei uns in der DDR eigentlich nur ganz schrecklich erlebt hat.

BAHR: Dennoch war er ein großer Könner!

ENSIKAT: Ein unbestreitbar großer Debattenredner.

BAHR: Als Brandt schwächer wurde, hielt Wehner die Linie. Ich habe mir manchmal gewünscht: Mensch, wenn doch der Brandt manchen Leuten verbal so in den Hintern treten würde, wie der Wehner das tat! Andererseits gab es keine einzige tragende politische Konzeption von Wehner. Seine größte und erfolgreichste innenpolitische Aktion war seine Rede im Juni 1960, als er die SPD gegen alle Beschlüsse auf den Boden der NATO-Verträge gestellt hat, die Adenauer geschaffen hatte. Das war eine tolle Sache, nicht ganz korrekt, aber gut und richtig. Die Partei sollte regierungsfähig werden. Ansonsten hat es nie einen Wehner-Plan gegeben.

ENSIKAT: Für mich kommt noch etwas hinzu: Er strömte eine gewaltige Freudlosigkeit aus. Ich weiß nicht, ob er überhaupt genießen konnte. Das war vielleicht auch etwas, was ihn von Brandt unterschied. Der konnte doch offensichtlich das Leben auch genießen.

BAHR: Ich glaube, in dem Punkt war Wehner neidisch auf ihn.

ENSIKAT: Brandt konnte lachen …

BAHR: … und hatte Freude an Wein, Weib und Gesang! Und das gehörte sich eigentlich nicht für dieses ernste Geschäft. Das war mit Sicherheit etwas, was Wehner ausgezeichnet, aber auch belastet hat, weil er natürlich ein anderes Bewusstsein hatte, davon bin ich fest überzeugt. Er hatte in Moskau Menschen ans Messer geliefert. Ich war und bin bereit, das zu akzeptieren, weil ich von mir selbst nicht wüsste, ob ich in so einer Lage das Zeug zum Märtyrer hätte. Er wollte sich retten. Und seither hatte er ein Schuldbewusstsein, das ihn bis zum Ende seines Lebens dazu brachte, sich um Menschen und ihre persönlichen Schicksale zu kümmern, weit über das hinaus, wozu er verpflichtet gewesen wäre.

ENSIKAT: Er hat ja auch seine Beziehungen zu Honecker ausgenutzt, um Menschen zu helfen.

BAHR: Ja, selbstverständlich. Auch der Kirche hatte er

sich zugewandt. Er hatte einen Gott verloren und fand in sich selbst nicht Ersatz. Er brauchte einen anderen Gott. Ich sag noch mal: Diese Gestalt war ungeheuer vielschichtig und facettenreich, über die noch keine wirkliche Biographie geschrieben wurde.

ENSIKAT: Eine tragische Figur.

* * *

ENSIKAT: Nach Ulbrichts Sturz 1971 in der DDR kam der VIII. Parteitag, auf dem Honeckers Einheit von Wirtschafts- und Sozialpolitik verkündet und beschlossen wurde. Das hieß vor allem Wohnungsbau. Die Altbausubstanz in den Innenstädten wurde vernachlässigt, und draußen auf der grünen Wiese baute man Betonzellen. Aber die Leute waren eigentlich erst mal froh, überhaupt Wohnungen zu bekommen. An die Folgen, was das für die Innenstädte bedeutete, dachte zunächst kaum einer. Es ging ja auch erst mal voran. Man brachte es zu einem gewissen Wohlstand. Aber im Grunde begann da auch der wirtschaftliche Abstieg der DDR, was uns natürlich damals nicht klar war. Dieser Sozialstaat, den Honecker da aufbaute, wurde irgendwann unbezahlbar, was wir schließlich auch gemerkt haben. Aber es war ja ganz bequem. Die DDR war ein sehr kleinbürgerliches Land, in jeder Hinsicht ein Land der kleinen Leute. Aber es gab eben auch die große Bedeutung von Literatur und Kunst. In Büchern und Filmen der Zeit wurde immer häufiger gefragt: Ist das nun wirklich alles? Ist die Einheit von Wirtschafts- und Sozialpolitik denn ein wirkliches Lebensziel? Dieser »real existierende« Sozialismus, der ja eigentlich nur noch reiner Pragmatismus war, wurde von Kunst und Literatur zunehmend in Frage gestellt. Und anders als 1965, als das XI. Plenum stattfand, gab es diesmal auch größere Freiräume für Künstler. Auch wir im Kabarett durften jetzt Dinge benennen, die in den sechziger Jahren absolut tabu waren. Es war halt ein bisschen mehr Wohlstand da und damit ein bisschen mehr Freiheit möglich.

Bahr: Mir fällt auf, dass es hier eine Parallele zwischen den beiden deutschen Staaten gab, die uns gar nicht bewusst war. Wir haben in der alten Bundesrepublik auch über unsere Verhältnisse gelebt. Da gab es plötzlich Lohnforderungen von zwölf oder dreizehn Prozent bei der ÖTV. Völlig irre! Wir lebten in der Überzeugung, alles würde immer mehr. Es gäbe immer mehr zu verteilen, weil die Wirtschaft unaufhörlich wüchse. Die Fresswelle war vorbei, die Anziehwelle und die Einrichtungswelle auch, die Reisewelle war auf dem Höhepunkt. Und das Warnzeichen – die Ölpreiserhöhung im Herbst 1973 – wurde kaum zur Kenntnis genommen. Wir waren ganz stolz darauf, dass wir innerhalb von Tagen ein Gesetz machten, das uns an vier autofreien Sonntagen leere Autobahnen bescherte. Aber das war im Grunde die Ankündigung, dass die Entwicklung nicht immer so weitergehen konnte. Man hätte sich rechtzeitig umstellen müssen, erkennen müssen, dass es nicht immer nur aufwärtsgehen kann. Es ging dann ja auch abwärts. Wie das nun mit solchen Abstrichen ist, wenn weniger zu verteilen ist. Das haben wir ja gerade auch in der jüngsten Vergangenheit erlebt, besonders wenn man es unter dem Gesichtspunkt der Gerechtigkeit betrachtet.

ENSIKAT: Aber damals war ja dieser Wettlauf der Systeme ein Motor. Die DDR lief der Bundesrepublik immer hinterher. Für uns sahen die wirtschaftlichen Probleme im Westen eher wie Erfolge aus.

BAHR: Die Substanz war in Westdeutschland natürlich eine andere, abgesehen von den Systemvorteilen.

ENSIKAT: Ja sicher, der Wettbewerb, die Marktwirtschaft ... Im Osten versuchte man dem Reichtum des Westens hinterherzulaufen. Andererseits, glaube ich, hatte dieser Kampf der Systeme einen großen Vorteil für die sozial Schwachen. Der Kapitalismus war gezwungen, soziale Zugeständnisse zu machen, die er heute nicht mehr macht, nicht mehr machen muss, weil diese Alternative weggefallen ist. Ich glaube schon, dass der Zusammenbruch bzw. der drohende Zusammenbruch des Sozialstaates in der DDR und in der Bundesrepublik fast gleichzeitig erkennbar wurde, nur eben auf einem unterschiedlichen Niveau.

BAHR: Das kann man wohl sagen. Wir haben damals aus dem Osten den Witz über den Untergang des Kapitalismus gehört ...

ENSIKAT: ... Der Kapitalismus steht am Abgrund, der Sozialismus ist schon einen Schritt weiter. In den siebziger Jahren glaubte man ja auch bei uns noch an das Wachstum. Zu Beginn der achtziger Jahre war einfach nicht mehr zu übersehen, welchen Preis allein die sozialen Leistungen kosteten. Der Verfall der Innenstädte, das Zurückbleiben der Industrie. Da wurde zum Teil noch in Fabriken, die vom Beginn des vorigen Jahrhunderts stammten, mit denselben Maschinen produziert. Die Arbeitsproduktivität im Osten blieb immer weiter zurück. Aber je mehr wir zurückblieben, desto lauter wurden die Losungen: »Vorwärts immer! Rückwärts nimmer!« Das hieß: Bloß nicht umgucken!

BAHR: Aber was die DDR unter diesen Umständen trotzdem geleistet hat, ist bewundernswert. Wir haben in Westdeutschland über Quelle und Neckermann erstklassige Produkte aus der DDR bezogen.

ENSIKAT: Und das war es genau, was die DDR-Bürger aufgeregt hat, nämlich dass alles, was hier an guten Sachen hergestellt wurde, in den Export ging.

BAHR: Ja, Devisen, Devisen, Devisen!

ENSIKAT: Was die DDR für Devisen tat, grenzte ans Kriminelle.

BAHR: Aber da kommen wir doch zu der Frage: Habt ihr denn nicht gewusst, in welcher schrecklichen wirtschaftlichen Lage die DDR sich 1989/90 befand?

ENSIKAT: Doch! Ich glaube, wir wussten es. Nur Kohl scheint es nicht gewusst zu haben. Ich erinnere mich, 1985 machte ich so eine Schnellbesohlung in Englisch, weil ich in Äthiopien Kindertheater machen sollte. Da traf ich nun auf Leute, die aus den verschiedensten Bereichen der DDR-Wirtschaft kamen. Und von allen hörte ich nur: »Bei uns bricht alles zusammen.« Ob Mikroelektronik, Maschinenbau oder Bauindustrie. Das Einzige, wo es noch zu klappen schien, und ich glaube, das stimmte, war die Landwirtschaft mit diesen großen LPG, die vermutlich so schlecht gar nicht sind. Wir fragten uns nach solchen Gesprächen: Wie ist das möglich? Jeder einzelne Teilbereich bricht zusammen, aber das Ganze hält?

BAHR: Also, dazu muss ich Ihnen sagen, wir haben seit den fünfziger Jahren Berichte von Wirtschaftsfachleuten bekommen, die die Provinzpresse der DDR auswerteten und daraus immer wieder schlossen, dass das zusammenbrechen muss. Tat es aber nicht. Wenn Sie jedes halbe Jahr solche Berichte bekommen, in denen steht, dass alles zusammenbrechen muss, aber nichts bricht zusammen, dann glauben Sie solchen Berichten nicht mehr.

ENSIKAT: Dann weiß man, dass es hält.

BAHR: Dazu kam diese wirtschaftspolitische Organisation, die in Paris sitzt, die OECD, die der DDR zeitweise ein höheres Pro-Kopf-Einkommen attestierte als Großbritannien. Das hatte natürlich zur Folge, dass man solchen Tatarenmeldungen überhaupt nicht mehr richtig geglaubt hat. Das wiederum hatte zur Folge, dass man sich gar keine Gedanken mehr machte über die wirtschaftlichen Gesichtspunkte einer Vereinigung. Schließlich konnte man ja nicht wissen, wann es je zur deutschen Einheit kommen würde und ob überhaupt. Deshalb hat Brandt den jährlichen Bericht zur Nation eingeführt, um zu vergleichen. Aber im Grunde gab es bis 1989 keinerlei Vorbereitung auf einen wirtschaftlichen Zusammenschluss der beiden deutschen Staaten. Der kam völlig überraschend.

Ensikat: Ja, aber es war auch so, dass die DDR-Propaganda, die sich Statistik nannte, im Grunde versuchte, den DDR-Bürgern Sand in die Augen zu streuen: »Euch geht es viel besser, als ihr denkt.« Ich glaube, dieser Sand fiel dann in die westdeutschen Augen, wo man nur zu gern glaubte, die DDR-Wirtschaft sei gar nicht so marode, wie sie war.

Bahr: Ja und nein. Im Prinzip ist das völlig richtig. Aber in einem Punkt muss ich Sie korrigieren. Unsere Prognosefähigkeit war gar nicht so schlecht. Gleich zu Beginn hatten der Bundesbankpräsident wie auch die Wirtschaftsweisen gesagt: »Wir dürfen die Ost-Mark nicht im Verhältnis eins zu eins auf die D-Mark übertragen. Das hat schreckliche Folgen.« Als ich im Februar 1990 mit Genscher sprach, sagte er, er habe Sorgen, mit den Zwei-plus-vier-Verhandlungen nicht rechtzeitig fertig zu werden, ohne die ja nichts weitergehen könne. Als ich ihm entgegnete, dass es doch auf ein paar Wochen mehr oder weniger nicht ankomme, sagte er: Doch. Vor ein paar Tagen war ich mit dem Kollegen Lambsdorff beim Bundeskanzler. Als der ihm sagte, dass die wirtschaftlichen Folgen einer Währungsunion eins zu eins so furchtbar sein würden, dass die Koalition die Wahlen im Frühjahr 1991 gar nicht mehr gewinnen könnte, antwortete der Kanzler, dann müssten sie eben vorgezogen werden. Dann wurde der von der Verfassung her frühstmögliche Termin ausgerechnet, und der war im November 1990, gerade noch rechtzeitig, bevor die Folgen der Währungsunion sichtbar wurden.

* * *

ENSIKAT: Noch mal zurück in die siebziger Jahre. Die bescherten uns ja einige Schocks. Der für mich und viele meiner Freunde und Kollegen schlimmste war der Putsch in Chile im September des Jahres 1973. Das war für mich nicht weniger schockierend als 1968 Prag. Auch wenn uns Chile nicht so direkt betraf. Mein erster Gedanke war: Das, was die Russen da in Prag gemacht hatten, das machen jetzt die Amerikaner in Chile. Das ganze Gerede von Demokratie oder Sozialismus kann man in dem Moment, wo es für den einen oder anderen gefährlich wird, einfach vergessen. Dass die CIA da in Chile heftig mitgestrickt hat, ist ja nicht zu bestreiten.

BAHR: Nein, das ist so sicher wie das Amen in der Kirche.

ENSIKAT: Ich war zu der Zeit gerade am »Theater der Freundschaft« in Berlin und inszenierte dort ein musikalisch-literarisches Programm, natürlich mit aktuellen Bezügen. Am Abend hörte ich die Nachrichten aus Chile und ging am nächsten Morgen zu meiner Intendantin, um zu sagen: »Ich muss das Programm völlig umschreiben. Das muss jetzt von Chile handeln.« Da wurde mir geantwortet: »Moment! Wir wissen noch gar nicht, wie wir dazu stehen. Ich habe noch nicht telefoniert.« Die Intendantin telefonierte also, und dann war »unsere« Haltung zu Chile klar.

Zur selben Zeit begann man in Berlin den Palast der Republik zu bauen. Damit wollte man wohl zeigen, was für ein reicher Staat die DDR unter Honecker geworden ist und dass man seinen Wohlstand auch nach außen zeigen kann. Da passierte dann auch wieder etwas DDR-Typisches – der Grundstein für den Palast war noch nicht gelegt, da gab es schon die ersten Witze. »Edeka«, also »Erichs Datsche am Kanal«, wurde er genannt oder »Palazzo protzi«.

BAHR: »Erichs Lampenladen«.

ENSIKAT: So nannten wir ihn erst, nachdem wir die Lampen da gesehen hatten. Die allgemeine Stimmung war jedenfalls gegen diesen Palast. Motto: »Wir brauchen viel dringender Wohnungen als so einen blöden Palast.« Als er aber fertig war, wurde er von den Leuten angenommen. Ich selber habe im Kabarett natürlich auch Witze drüber gemacht. Aber dann war ich doch verblüfft, wie gut das Ding funktionierte. Ich habe sogar für das Haus gearbeitet, zuerst die Texte für eine Weihnachts-Kinderrevue geschrieben und dann mehrere Jahre lang die Conférencetexte für die sehr populäre Palast-Revue »Spaß muss sein« mit dem großen Schauspieler Eberhard Esche als Gastgeber. Da waren politische Anspielungen möglich, die anderswo vor so großem Publikum undenkbar gewesen wären. Das hatte damit zu tun, dass der Palast dem Ministerrat unterstand und nicht direkt der Partei. Das Haus wurde zu einem riesigen Kulturpalast, in den die Leute aus Ost und West nur so strömten. Das gehörte eben auch zum Konzept – wir zeigen, wie gut es uns geht. Wir können es uns sogar leisten, darüber Witze zu machen! Eine offizielle Losung lautete damals: »Wir können uns was leisten, denn wir leisten etwas.« Der satirische Kommentar dazu hieß, in Anlehnung an einen westlichen Werbeslogan: »Es gibt viel zu tun, warten wir's ab!« Da war immer dieser Gegensatz zwischen dem regierungsamtlich verbreiteten Optimismus und der Skepsis der Bürger. Das haben wir in einem Satz zusammengefasst: »Optimismus ist Mangel an Information.«

* * *

Ensikat: Ende 1976 gab es in der DDR die Biermann-Affäre. Bis dahin, also bis zu seinem Rauswurf, war Biermann eigentlich nur ein Geheimtipp. Wir nahmen die Lieder auf Tonbänder auf, die wir immer wieder überspielten und weitergaben. Als er dann rausgeworfen wurde, sollten überall Ergebenheitsadressen für diese »Maßnahme« der DDR-Regierung verfasst werden. Meine Schwester – sie war Lehrerin in einem kleinen Ort bei Berlin – rief mich an und fragte: »Sag mal, ich soll was gegen einen Biermann sagen. Wer ist denn das überhaupt?« Er wurde nämlich erst durch seinen Rauswurf so berühmt. Diese Ausbürgerung war für uns eine schreckliche Sache. Dass einer ausgebürgert wurde – wann hatte es das gegeben? Doch nur zur Nazi-Zeit. Stefan Heym prägte damals den Satz: »Wir müssen aufpassen, dass sich das Ausbürgern nicht einbürgert!« Für uns, die wir Biermann oder zumindest seine Lieder kannten, war das ein furchtbarer Schlag. Schließlich dachten wir: »Na ja, nun ist er im Westen und wird in der Bedeutungslosigkeit versinken.« War aber nicht der Fall. Wir fanden das dann ganz großartig, wie er eben auch im Westen lange Zeit wider den Stachel löckte. Das hätten wir ihm nicht zugetraut.

Aber damit ist es ja jetzt vorbei. Jedenfalls blieb er auch noch eine ganze Zeit, als er schon im Westen war, wichtig für uns.

BAHR: Ich kannte den Namen Biermann, hatte aber außer dem Namen nicht viel gehört. Aber ich kann mich natürlich genau an das große Konzert erinnern, das er in Köln gegeben hat, nachdem er rübergekommen war. Das war großartig! Da bekam man Gänsehaut. Im Laufe der Jahre stellte ich aber fest, dass er sich immer mehr anpasste. Eine große Begabung, sprachmächtig, poetisch ist er geblieben. Aber ich habe ihm die Art übelgenommen, wie er meinen Freund Lew Kopelew im »Spiegel« niedergemacht hat. Ihn und Solschenizyn hatte ich nach langen Bemühungen aus der Sowjetunion rausgeholt. Das ging natürlich nur, weil sie das auch wollten. Ausgebürgert zu werden, sein Land zu verlieren, das war auch in der Sowjetunion neben Todesstrafe oder Verbannung die schwerste Strafe, die man sich ausdenken konnte.

ENSIKAT: Biermann ist natürlich sprachgewaltig, aber er ist auch ein Egomane. Sein Umgang mit Reich-Ranicki zum Beispiel war nicht fein. Er ist halt ein Mensch, der immer recht hat. Aber um noch mal auf sein Konzert in Köln zurückzukommen, ich habe mir das mehrmals angehört. Da hat ja für mein Verständnis ein Kommunist gesungen! Die Antikommunisten saßen bei uns im Politbüro und im ZK. So habe ich das damals empfunden – Biermann war Kommunist! So kommunistisch bin ich in meinem ganzen Leben nicht gewesen!

* * *

BAHR: 1980 war ich Bundesgeschäftsführer der SPD und hatte den nächsten Wahlkampf vorzubereiten. Den stellten wir auf zwei Säulen. Erstens: Wir verstehen mehr vom Osten, können besser mit ihm. Zweitens: Schmidt ist besser als Strauß. Dann hörte ich im Radio – mir hatte vorher keiner was davon gesagt –, dass Schmidt nach der Verhängung des Kriegsrechts in Polen eine Begegnung mit Honecker abgesagt hatte. Dass wir besser mit dem Osten könnten, galt also jetzt nicht mehr. Blieb nur noch der Vergleich Schmidt/Strauß. Aber das reichte für den Wahlsieg. Kurz zuvor hatte Schmidt Honecker noch in Güstrow getroffen und Nerven gezeigt. »Ich verfolge meine Linie und trage das Risiko, dass in Polen etwas passiert.« Gott sei Dank passierte nichts. Beide zeigten damals Nerven. Das war nicht einfach. In Bonn hatten wir natürlich Angst und fragten uns: Müssen denn die Polen noch mal dasselbe ausprobieren, was wir vorher in der DDR, in Ungarn und Prag erlebt hatten? Wir versuchten, über unseren direkten Kanal in den Kreml die Sache zu klären: »Wenn das in Polen schiefgeht, dann ist von Entspannung vorläufig keine Rede mehr.« Die Antwort lautete: »Wir wollen da nicht einmarschieren. Wir wollen nur die Drohkulisse aufstellen, mit dem Einmarsch drohen. Wirklich einmarschieren müssten wir erst, wenn die Verbindungen zu unserer Elitearmee in der DDR gefährdet wären.« Das hat Jaruzelski dann mit dem Ausnahmezustand verhindert. Wir haben den Polen geglaubt, die uns sagten, sie würden den Ausnahmezustand so schnell wie möglich wieder aufheben.

ENSIKAT: Ich glaube, die Solidarność kam eigentlich beiden Seiten sehr ungelegen. Es war ja die Zeit, also Ende der siebziger Jahre, als sich die DDR einigermaßen stabilisiert hatte. Die schrecklichen Folgen des scheinbaren Aufschwungs sah man noch nicht, konnte sie vielleicht noch nicht sehen. Man glaubte sich eigentlich ganz sicher. Und dann begannen diese Unruhen beim östlichen Nachbarn. Und andererseits hoffte man auch im Westen, Ruhe zu haben. Denn darum ging es doch immer wieder: Ruhe ins System zu bringen. Und diese aufmüpfigen Polen, die eben viel weniger pragmatisch gedacht haben und …

BAHR: … zum Generalstreik aufrufen, weil die Zigarettenpreise erhöht werden und die Schnapspreise! Das wäre doch in Deutschland unmöglich! Oder? Natürlich haben wir mit dem Kopf geschüttelt, fragten uns, ob die Polen mit ihrem Stolz nicht überziehen. Dann mussten wir allerdings zugeben, dass die Polen viel genauer wussten, was sie den Sowjets zumuten konnten. Wir bewunderten sie sogar dafür. Also ist das Mehrparteiensystem eigentlich durch den Polen Rakowski eingeführt worden und nicht durch Gorbatschow!

ENSIKAT: Honecker konnte bei uns auf die uralte Polenfeindschaft der Ostdeutschen bauen. Dass die Bewegung der Solidarność auf Ostdeutschland überhaupt nicht übergriff, hatte wirklich mit der traditionellen Ablehnung der Polen in Deutschland zu tun, namentlich in Ostdeutschland. Es gab da ganz schreckliche Polenwitze, die selbst die strammsten Genossen erzählten. Ein Witz erklärt die Situation besonders gut: Es treffen sich zwei Hunde auf der Brücke in Frankfurt (Oder). Der eine Hund kommt aus Polen und will in die DDR. Da fragt ihn der deutsche Hund, was er da will. Antwort: »Endlich mal wieder satt fressen. Und was willst du in Polen?« – »Endlich mal wieder richtig bellen!« Das zeigt den Unterschied zwischen dem vergleichsweise hohen Wohlstand in der DDR und der relativen Armut in Polen. Da wiederholte sich im Grunde das, was es auch zwischen Ost- und Westdeutschen gab. Wir schauten immer nur nach Westen, und die Polen auch, nach dem westlichen Reichtum. Aber sie hatten sich etwas bewahrt, was bei uns fehlte. Die Unzufriedenen in der DDR hatten ja immer noch die Möglichkeit, in den Westen zu gehen, ohne ihren Sprachraum zu verlassen. Das hatte für die DDR böse Folgen. Ihre Intelligenz wanderte zum großen Teil aus. Viele wichtige Leute gingen einfach rüber. Das war für die Polen schon schwieriger. Den Sprachraum zu wechseln, ist etwas ganz anderes. So hat sich dort eben eine Intelligenz gehalten, ein Oppositionspotential, das aus der DDR längst abgewandert war. Ohne die Solidarność jedenfalls hätte die Wende 1989/90 so nicht laufen können. Auf jeden Fall hat der polnische Ministerpräsident Rakowski, der ja nun wirklich ein Kommunist war, im Grunde in seinem Land den Übergang zur Demokratie ermöglicht.

BAHR: Und ohne Helsinki hätte es die Solidarność auch nicht gegeben. Wir können eine Linie ziehen vom Moskauer Vertrag über Helsinki und zur Solidarność.

ENSIKAT: Ich glaube, das ist so, auch wenn die Solidarność das sicher nicht gern zugeben würde. Aber noch eine Kleinigkeit am Rande. Können Sie sich an das Treffen Honecker/Schmidt in Güstrow erinnern?

BAHR: Ja, das war natürlich eine schreckliche Geschichte. Es war peinlich. Die Straßen waren leergefegt, die Leute waren in ihre Häuser verbannt. Es muss eigentlich auch für Honecker peinlich gewesen sein. Aber der Schmidt hat sich nichts anmerken lassen. Was sollte er auch tun?

ENSIKAT: Wir dachten immer, Schmidt hat gar nicht gemerkt, dass ihm da von der Staatssicherheit und nicht von den Bürgern der Stadt zugewinkt wurde.

BAHR: Der ist doch nicht doof. Natürlich hat er das gemerkt. Und er hat dann darüber gelästert. Es war ihm jedenfalls unbehaglich.

ENSIKAT: Eine furchtbare Situation! Die Fernsehbilder von damals waren … Ähnlich war es ja dann, als George W. Bush im Februar 2005 in Mainz war. Da waren die Straßen ja auch geräumt, und er war allein mit den Sicherheitskräften. Es wiederholt sich alles.

BAHR: Ja, da war aber ein großer Unterschied.

ENSIKAT: Nämlich?

BAHR: Bush war das Oberhaupt einer Weltmacht, Schmidt nicht.

ENSIKAT: Na ja, ich weiß nicht, warum das Oberhaupt einer Weltmacht sich so verstecken muss.

* * *

Bahr: Im Spätherbst 1981 kam mein Kollege, der Generalsekretär der FDP Günter Verheugen, in mein Büro und sagte, er sei in Sorge, denn das Verhältnis zwischen seinem Chef Genscher und Bundeskanzler Schmidt sei schlecht. Wenn das nicht besser werde, könne man das Ende der Koalition erwarten. Ich sagte ihm: »Nun kommt ja bald Weihnachten. Die Jungs sollen mal richtig ausschlafen, und wenn sie sich wieder treffen, sieht die Welt anders aus.« Etwas später bekam Helmut Schmidt einen Schlaganfall. Er war mehrere Minuten weg. Es hat einige Zeit gedauert, vielleicht achtzehn Tage oder so, dass ich wieder bei ihm und seiner Frau in seinem Bungalow war. Ich wollte da weitermachen, wo wir das letzte Mal aufgehört hatten. Da bekam er ganz große erschrockene Augen und sagte: »Ich habe einen Teil meines Kurzzeitgedächtnisses verloren. Ich muss alles aus den Akten neu lernen.« Das hat er dann auch getan, und wir arbeiteten weiter. Nur dem Brandt sagte ich damals: »Bei Schmidts ungeheurem Verantwortungsgefühl hört der auf, wenn sich das nicht bessert. Das erträgt er nicht, ein Bundeskanzler mit eingeschränktem Erinnerungsvermögen zu sein.« Doch niemand hat etwas bemerkt.

Dann kam die Frage, wie man den Haushalt – immer wieder der Haushalt! – hinbiegt. Da konnte man sich nicht einigen. Anschließend zog sich Schmidt an den Brahmsee zurück und setzte, um die FDP bei der Stange zu halten, ein paar Zugeständnisse schriftlich auf. Die SPD hat geknirscht, aber schließlich akzeptiert. Im August 1982 hat Lambsdorff seinen berühmten Scheidungsbrief geschrieben. Damit war absehbar, dass die FDP einen Grund suchte, um abzuspringen. Der Genscher hatte mit seinem Freund Helmut Kohl längst alles abgesprochen. Und dann kam es, wie es kommen musste. Der eigentliche Grund war übrigens wirklich, dass FDP und SPD aus wirtschaftspolitischen Gründen nicht mehr zusammenarbeiten wollten. Es ist eine Legende, dass es da um die Frage der Raketenstationierung oder Nachrüstung ging. Die SPD hatte ja entschieden, keinen Beschluss dazu zu fassen, bevor die Verhandlungen abgeschlossen waren. Die FDP hat das nicht nur gewusst, sie hat es auch akzeptiert. Es war also ein aus Überzeugung herbeigeführtes Ende der Koalition. Helmut Kohl wurde dann Bundeskanzler, und wir fragten uns: »Was wird nun aus der Ostpolitik?« Kohl hat zu unserer Genugtuung Kontinuität nicht nur versprochen, sondern auch gehalten. Kein Vertrag wurde gekündigt oder auch nur ergänzt. Alles wurde fortgesetzt. Einzig neu waren Milliarden ungebundener Finanzkredite für die DDR, die der »Entspannungspolitiker« Franz Josef Strauß eingefädelt hatte. So was hätten wir uns gar nicht getraut.

Ensikat: Das hatte für uns zur Folge, dass wir Strauß – bis dahin die Inkarnation des Klassenfeindes überhaupt – im Kabarett nicht mehr so nennen sollten. Plötzlich wurde uns mitgeteilt, dass wir ab jetzt Kritik an seiner Person besser unterlassen sollten. Das haben wir dann natürlich thematisiert. Wie es möglich ist, in einem alten Klassenfeind jetzt, da er uns Geld verschafft hatte, einen neuen Freund zu entdecken. Nur dumme Menschen, die die Weisheit der Partei und ihrer klaren Linie nicht verstünden, würden Strauß noch Klassenfeind nennen. Das bestätigte den alten Witz von einer Geraden und einer Schlangenlinie. Die Gerade ist der Weg der Abweichler und die Schlangenlinie der konsequente Kurs der Partei.

Bahr: Wir haben gesagt: »Die Linientreue zeigt sich in der Kurve.« Brandt sagte über Kohl, er sei in der Ostpolitik der getreue Nachfolger Adenauers und dessen Diktum: »Was schert mich mein Geschwätz von gestern?« Und er hat das ja in der Tat mit großem Erfolg fortgesetzt. Man muss natürlich auch sehen, dass Kohl große Sorgen haben musste, weil wegen der Nachrüstung und der Raketenstationiererei enorme Spannungen entstehen konnten. Er wollte den Osten nicht verärgern. Denn natürlich war er daran interessiert, die Entspannung zwischen beiden deutschen Staaten und die Fortschritte dabei zu erhalten. Dafür gab's ja dann auch das Geld. Es hat also funktioniert. Die Besucherzahlen gingen hoch.

Ensikat: Ja, damit hat Strauß, das muss man sagen, auch etwas für die Menschen erreicht.

BAHR: Und dagegen hatten wir nichts. Das fanden wir prima.

ENSIKAT: Wir sahen das schon ein bisschen skeptischer. Im Grunde hat er ja auch die Agonie der DDR verlängert. Uns war nämlich damals schon klar, dass die DDR-Wirtschaft am Ende war. Wir haben damals immer gesagt: »Die sollten unsere Zeitungen nicht von vorn, sondern hinten den Anzeigenteil lesen. Da bekämen sie den wirklichen Zustand der DDR-Wirtschaft mit.«

BAHR: Da würde ich jetzt fast ein bisschen streiten. Aber ich will ja nicht streiten.

ENSIKAT: Warum nicht?

BAHR: Der Weizsäcker hat mal so was formuliert – im Streit darüber, ob die Ostpolitik die DDR auf Dauer stabilisiert hat oder zu ihrer Auflösung führte.

ENSIKAT: Auf Dauer zur Auflösung.

BAHR: Natürlich kann man da unterschiedlicher Meinung sein. Ich glaube, man konnte sogar beiderlei Meinung sein. Entscheidend ist, welche Theorie sich in der Entwicklung durchgesetzt hat. Als der Kohl dann Erfolg hatte bei der Einheit, sagten manche bei uns: »Er hat geerntet, was er gar nicht gesät hat.« Aber das war mir trotzdem recht. Man könnte auch sagen: »Wenn wir das gemacht hätten, wäre es noch besser gelaufen.« Aber wichtiger war doch – wie Kohl selbst immer gesagt hat –, »was hinten rauskommt«. Also das Ergebnis für die Allgemeinheit. Und das war in Ordnung.

ENSIKAT: Jein, würde ich sagen. Es war doch wirklich

so, dass die DDR zum Schluss bereit war, für Devisen so ziemlich alles herzugeben. Sie hat selbst Pflastersteine an den Westen verkauft …

Bahr: … und Menschen!

Ensikat: Und Menschen! Das ist natürlich viel schlimmer, und das gab es schon viel länger. Wobei, das halte ich, auch wenn es sehr umstritten ist, für humanitäre Hilfe. Also wenn sich Leute darüber beklagen, dass Stolpe sie aus dem Gefängnis rausgeholt hat und sie nach England reisen durften, dann finde ich das sehr ungerecht. Auch wenn man darüber klagt, dass die politischen Häftlinge freigekauft worden sind! Da hat man doch immerhin den Menschen ihr Leben zurückgegeben. Damit muss nicht der Probleme haben, der das Geld dafür gegeben hat, sondern der, der es genommen hat. Der müsste moralische Probleme haben.

Bahr: Das sehe ich ganz genau so. Ich habe die Kritik an diesem »Menschenhandel« nicht verstanden. Man fühlte sich zwar nicht behaglich, aber keiner hat sich dessen gerühmt. Weder die eine noch die andere Seite. Das lief unter der Decke. Auch die vielgeschmähten Medien hielten sich daran. Und das war zumindest verantwortungsbewusst. Wenn man Geld hat und damit Freiheit für Menschen erkaufen kann! Mein Gott!

Ensikat: Trotzdem war uns natürlich bekannt, dass man freigekauft werden konnte. Man wusste sogar in etwa die Zeiten, die man absitzen musste, bis man freigekauft wurde. Ich hab das in der eigenen Familie erlebt. Mit Neffen oder Nichten haben wir so was besprochen. Einer von ihnen ist mit Rucksack, Landkarte und Feldstecher in Grenznähe gewandert, um sich dort aufgreifen zu lassen. Er ging natürlich nur so weit, dass er nicht in den Bereich kam, wo geschossen wurde. Da wurde er dann verhaftet und kam ins Gefängnis, meinte aber zu wissen, für wie lange ungefähr. Dabei konnte man sich natürlich auch verrechnen. Mein Neffe jedenfalls hat sich verrechnet. Statt der vermuteten drei Monate saß er dann mehr als ein Jahr im Stasi-Gefängnis Hohenschönhausen, bei mir um die Ecke. Ich glaube schon, dass dieses Jahr viel in seinem Leben verändert hat. Aber dass so was nicht in der Zeitung stand, war schon gut. Es wurde ja auch so bekannt. In der DDR war die Presse sowieso nicht halb so wichtig wie die Gerüchteküche. Gerüchte verbreiteten sich bei uns mit doppelter Lichtgeschwindigkeit. Die DDR-Bürger wären – das hat Honecker ja mal gesagt – die bestinformierte Gesellschaft, die es überhaupt gäbe. Das war natürlich zynisch aus seinem Munde. Er wusste schließlich, woher wir unsere Informationen bezogen – aus dem Westfernsehen. Von den Gerüchten wusste er vermutlich weniger.

BAHR: Na ja, Honecker hat sich ja auch in anderen Punkten geirrt. Er hat doch mal auf einen Schlag 50 000 Leuten die Ausreise genehmigt, weil er dachte, damit den Druck aus dem Kessel zu lassen.

ENSIKAT: Das Gegenteil war der Fall.

BAHR: Der Appetit kommt beim Essen. Da war nichts

zu machen. Damit leitete er den Anfang vom Ende ein.

ENSIKAT: Er hat sich ja auch 1989 noch im Umgang mit den Botschaftsflüchtlingen geirrt. Diese schwachsinnige Entscheidung, die Flüchtlinge aus Prag unbedingt durch die DDR ausreisen zu lassen, damit es aussah, als sei es eine souveräne Entscheidung der DDR, die Leute aus ihrer Staatsbürgerschaft zu entlassen! So hieß das ja. Das hatte zur Folge, dass in Dresden Tausende versuchten, den Hauptbahnhof zu stürmen, um vielleicht noch aufspringen zu können auf einen der Züge.

BAHR: Also, wir haben uns auch manchmal geirrt, ich jedenfalls. Und ich war ja kein Staatschef. Im Frühjahr 1989 erhielt ich von einem Freund einen Hinweis auf ein Buch von Markus Wolf – »Die Troika«. Ich las es, lief wie elektrisiert zu Brandt und sagte: »Das musst du lesen. Wenn ein solcher Mann mit seinen Kenntnissen und Einsichten so ein Buch schreibt, und es wird in der DDR veröffentlicht, dann sage ich dir: Die DDR kann über Nacht zusammenbrechen wie ein Kartenhaus.«

ENSIKAT: Bei uns hatte das Buch eine ganz andere Wirkung. Wir dachten eher, dass so was stabilisiert. Wenn so ein Buch bei uns erscheinen darf, wenn dieser Mann so ein Buch schreibt, ist das doch ein Zeichen der Stärke.

BAHR: Nun, bei mir hatte das Buch eben die gegenteilige Wirkung. Auf Brandts Einwand habe ich dann eingeschränkt: »Na gut, nicht über Nacht, aber innerhalb einiger Monate.« Das hatte ich völlig aus dem Gedächtnis verloren, als die ersten Botschaftsbesetzungen begannen. Als das nicht aufhörte, hatte ich eine Idee, wie man die Sache vielleicht regeln könnte, so dass beide Seiten ihr Gesicht wahren konnten und man nicht in jedem Fall die berühmten Anwälte einschalten musste. Ich trug das im Kanzleramt vor, es wurde geprüft, und schließlich sagte mir der Leiter des Kanzleramtes, Herr Seiters, ich sollte es doch mal über meine Leitung zu Hermann Axen versuchen. Das tat ich und bekam die Antwort: »Das kann nur die Nummer eins entscheiden, und die liegt im Krankenhaus.« Da dachte ich dann: Mein Gott, hier fängt der Staat an zu wackeln und ist bewegungsunfähig, weil die Nummer eins entscheidungsunfähig ist! Aber auch da hat es bei mir noch nicht wirklich geklingelt. Da haben – das muss ich zugeben – meine kleinen grauen Zellen nicht richtig funktioniert.

ENSIKAT: Aber wer konnte dieses Ende denn überhaupt so voraussehen?!

* * *

BAHR: Dass wir den 3. Oktober als »Tag der Einheit« begehen, ist im Grunde falsch. Der 3. Oktober ist der Tag von Helmut Kohl. Er wollte so früh wie möglich, also so früh es die Verfassung erlaubte, einen Wahltermin haben, bevor der Bevölkerung klarwerden konnte, welche schrecklichen Auswirkungen die vorschnell eins zu eins eingeführte Währungsumstellung haben würde. Im Prinzip war das von seiner Seite natürlich völlig legitim. Aber der wirkliche Tag der Einheit ist der 3. Oktober nicht. Das ist der 9. November, an dem die Bevölkerung die Einheit möglich gemacht und praktisch vollzogen hat.

ENSIKAT: Der 9. November ist ja überhaupt das deutsche Datum. In jeder Beziehung. Es erinnert an die Abgründe der deutschen Geschichte, aber auch an den einen Tag der Befreiung. Für mich übrigens war ja der 4. November ein noch viel wichtigerer Tag. Gut, die Öffnung der Mauer wurde am 9. November von der Bevölkerung dann schließlich erzwungen. Aber das war ja eigentlich die Folge einer Panne in der Regierung. Die wussten da oben nicht, was sie taten. Schabowski verkündete auf jener berühmten Pressekonferenz etwas, über dessen Konsequenzen er sich gar nicht im Klaren gewesen sein kann. Aber am 4. November war ja diese Demonstration auf dem Alexanderplatz von einer halben oder ganzen Million Menschen. Sie ging auf einen Aufruf von Künstlern und Literaten zurück, die sich am 15. Oktober 1989 im Deutschen Theater versammelt hatten, um gegen die Ausschreitungen am 7. Oktober in Berlin zu protestieren. In dieser Versammlung schlug jemand – ich glaube, es war Gregor Gysi – vor, so eine Demonstration anzumelden. Das war wohl die Geburtsstunde des Politikers Gysi. In Absprache mit der Polizei wollten wir dabei gemeinsam für die Gewaltlosigkeit sorgen. Das kam wirklich von uns – ein paar chaotische Künstler hatten dazu aufgerufen, und die Massen strömten nach Berlin. Es kam zu einer wirklichen, zu einer fröhlichen Selbstbefreiung, zu einer Demonstration und Kundgebung, die das Fernsehen der DDR, das staatliche Fernsehen, das bisher immer nur Sprachrohr von Partei und Staat gewesen war, in voller Länge übertrug. Ich erinnere mich, dass ich noch vor Ende der Kundgebung schnell nach Hause fuhr, um den Fernseher anzustellen. Als ich sah, das läuft bei uns im DDR-Fernsehen, da wusste ich, jetzt haben wir gesiegt.

BAHR: Ich war an diesem Abend zu einem Essen bei Freunden eingeladen. Wir waren ungefähr acht Leute und verfolgten das im Fernsehen und waren völlig überrascht. Das hatte es noch nie gegeben. Wir hatten so etwas gar nicht für möglich gehalten – dass das auch noch im Fernsehen übertragen wurde! Wir fingen sofort an, über das Ende der DDR zu reden. Denn wenn die Regierung und ihre Organe so etwas gestatteten, konnte man eigentlich alles erwarten! Vom 9. November ahnten wir da natürlich noch nichts. Aber es war aufregend, richtig aufregend! Das war eine völlig neue Qualität von Nachrichten und Bildern aus der DDR. Ich sehe die Leute noch nacheinander auf das Podest steigen – wer da alles geredet hat! Wer da alles reden durfte! Das war im wahrsten Sinne des Wortes eine Große Koalition. So was wäre ohne die Mitwirkung der SED und ihrer Organe ja gar nicht möglich gewesen. Oder?

ENSIKAT: Natürlich nicht. Wir nannten das Sicherheitspartnerschaft. Wenn man sich das überlegt, wir chaotischen Künstler versuchten so etwas zu organisieren, und es klappte! Wann hat es in Deutschland je eine fröhliche … Wann hat es überhaupt eine Revolution gegeben? Und dann noch eine fröhliche? Das war etwas so Einmaliges. Ich bin stolz und glücklich, das erlebt zu haben.

BAHR: Mit Recht!

ENSIKAT: Das war für mich wichtiger als der 9. November. Übrigens hatte die Staatsmacht große Angst davor, dass wir die Mauer am 4. November durchbrechen würden. Aber keiner von uns hat daran auch nur einen Gedanken verschwendet! Da ich zu denen gehörte, die diesen 4. November vorbereitet haben, bekam ich noch einen Anruf aus dem Kulturministerium. Ich wurde gebeten, meinen Einfluss geltend zu machen, dass wir diese Demonstration raus nach Köpenick verlegen, da, wo das Stadion von Union ist.

BAHR: Weit genug weg.

ENSIKAT: Weit genug weg. Ich sagte: »Das ist völlig undenkbar. Und wieso denken Sie, ich hätte den Einfluss, so etwas zu entscheiden?« Die hatten die Vorstellung, wir wären organisiert wie sie selber, und da könnte man einfach was durchstellen. Das war natürlich ganz falsch und zeigt nur, was sie von uns dachten – nämlich wir wären so was wie eine Parteigruppe. Wir waren aber nur ein ganz loser Verband. Wir haben nur in diesem einen Moment mal die Meinung einer großen Mehrheit getroffen. Mehr war es eigentlich nicht.

BAHR: Als Schabowski – mir ist das bis heute nicht restlos klar – da seine Pressekonferenz abgehalten und auf eine Frage hin die sofortige Reisefreiheit verkündet hat, hieß das ja, dass die DDR Moskau nicht mal gefragt hatte. Sie traf die erste souveräne Entscheidung in ihrer Geschichte, und das war auch die letzte.

ENSIKAT: Ja, das war der Untergang. Ich hatte ja damals immer noch die Idee, dass Krenz die Mauer vielleicht nur aufgemacht hat, um die Leute endlich von seinen Straßen zu kriegen. Denn darauf konnte er sich ja verlassen, wenn die erst drüben waren, würden sie in den Warenhäusern verschwinden.

BAHR: Ich habe den Krenz hinterher gefragt: »Warum haben Sie nicht den Bundeskanzler angerufen und ihm vorgeschlagen, gemeinsam die Mauer zu beseitigen. Und dass sie natürlich ein bisschen Geld dafür brauchen, damit die Leute nicht weiter weglaufen und das Ganze wirtschaftlich zu bewältigen war. Der hätte doch sofort zugestimmt. Wir hätten für Sie eine Sonderausgabe des Bundesverdienstkreuzes geschaffen! So müssen Sie in den Kahn gehen.« Da hat er mir geantwortet: »Ich konnte ihn ja nicht erreichen. Der war doch in Warschau.«

ENSIKAT: Aber wusste er denn nicht, dass man in Warschau auch Telefone hat?

BAHR: Das habe ich mich auch gefragt.

ENSIKAT: Ich glaube, dieses Ende zeigt, wie dilettantisch das alles aufgebaut war. Wenn man nur daran denkt, dass monatelang keine Entscheidung mehr möglich war in der DDR, weil Honecker krank war! Dass immer wieder darauf verwiesen wurde: »Keine Entscheidung möglich, bevor Honecker wieder da ist.« Das zeigt ja eigentlich – jedenfalls im Nachhinein –, wie wenig vorausschauend wir selber waren.

BAHR: Jedenfalls war die Führung, sofern man noch von einer Führung reden konnte, nicht auf der Höhe der Zeit.

ENSIKAT: Dass sie so weit hinter der Zeit wäre, das hatten wir nicht vermutet. Wenn ich nur an Honeckers Abwahl denke und die Rede von Krenz danach, die jede Wirkung des Wechsels zunichtegemacht hat. Da sprach ja nur ein jüngerer Honecker. Vor dem alten hatten wir noch Respekt wegen seiner Vergangenheit. Den brachten wir dem Krenz nicht mehr entgegen. Seine Antrittsrede war dann so leer. Ich weiß noch, meine Familie stand um mich herum und fragte nur: »Warum hörst du dir den Quatsch überhaupt noch an?« Ich sagte: »Ich muss doch wenigstens wissen, ob es nur Quatsch ist.« Aber es war wirklich Quatsch.

BAHR: Ich hatte ein ähnliches Gefühl, als ich das im Fernsehen sah. Er war blass. Da war nichts Neues zu erkennen, kein Aufbruch, nichts Frisches, keine Idee.

ENSIKAT: Ähnlich empfand ich dann später manche Reden von Westpolitikern, wenn sie uns nach der Wende sagten: »Ihr müsst nur die Ärmel aufkrempeln und nach vorne schauen.« Solche Reden …

BAHR: Na ja, na gut …

ENSIKAT: … gibt es wohl in allen Systemen.

BAHR: Ja, in allen Systemen. Aber ihr hattet damit ein bisschen mehr Erfahrung. Vor dem Besuch von Gorbatschow zum 40. Jahrestag der DDR hatte mich Falin gefragt, was denn der Gorbatschow da sagen sollte. Ich hab geantwortet: »Ich kann ihm genau sagen, was er nicht sagen darf. Er darf nicht sagen: Es ist alles in Ordnung. Dann wird er ausgepfiffen. Er darf nicht sagen: Nun macht mal was! Dann wäre der Laden hochgegangen, bevor er den Flugplatz erreicht hätte.« Hinterher erzählte mir Falin, sie hätten an der Rede noch beim Anflug auf Berlin gearbeitet. Brandt und ich wollten natürlich wissen, wie die Moskowiter, die mit in Berlin waren, den Honecker wahrgenommen hätten. Etwa zehn Tage später lud uns der zweite Mann, Jakowlew, zum Abendessen ein. Plötzlich fragte er: »Wer wird denn der Nachfolger von Erich Honecker?« Da war noch keine Rede davon, dass er abgelöst werden würde. Ich sagte: »Egon Krenz.« Da machte Jakowlew nur eine abwertende Handbewegung. Die schätzten den Krenz offenbar nicht, hätten vielleicht den Modrow vorgezogen. Aber dann meinte Jakowlew: »Na, wollen wir doch erst mal abwarten, was morgen in Leipzig passiert, am Montag.« Da fiel mir die große Veränderung auf: Bis dahin hatten die Leipziger immer nach Moskau geguckt, was dort passierte. Jetzt guckten die Moskauer nach Leipzig, was da passiert. Denn da war jetzt wirklich was los.

ENSIKAT: Aber das war ja genau das Gefühl, das wir zu der Zeit auch hatten: Die Welt guckt auf uns, auf diese langweilige DDR, von der man sonst kaum Notiz genommen hatte. Plötzlich waren wir interessant!

BAHR: Ja. Stimmte ja auch.

ENSIKAT: Selbstbefreiung ist auch was, wofür man sich interessieren sollte.

BAHR: Passiert nicht so oft.

ENSIKAT: Vor allem in Deutschland nicht.

* * *

Bahr: Dass die SPD die Wahl nicht gewinnen konnte, wusste ich schon Anfang 1990. Ich hab damals dem schwedischen Botschafter, einem Freund, gesagt: »Die Wahl gewinnt der Kanzler. Selbst wenn wir einen Mann backen könnten, der die Visionen von Willy Brandt mit den Machereigenschaften von Helmut Schmidt verbindet, könnte er es nicht schaffen.« Darauf sagte er: »Das wäre ja auch entsetzlich. Diese Kombination wäre Napoleon. Und von dem hat Europa ein Mal genug gehabt.« Ich war mir ganz sicher, zumal ich sah, dass meine geliebte SPD fabelhafte Fehler machte, die ich nicht verhindern konnte. Wir haben den Wahlkampf nicht selbst in die Hand genommen, sondern folgten dem Vorschlag unseres damaligen Vorsitzenden Hans-Jochen Vogel, der gesagt hatte, wir sollten es so machen, wie die Freunde von der SDP in der DDR es wünschen. Kohl dagegen hat mit aller Brutalität gesagt: »Wie man Wahlen gewinnt, das weiß ich genau. Der Generalsekretär Rühe soll das mal in die Hand nehmen.« Und das hat der dann auch getan unter dem Motto: »Kommt zu mir, alle, die ihr mühselig und beladen seid. Wir werden euch erquicken.« Natürlich wussten die DDR-Bürger, wo die Macht lag – bei Kohl. Und natürlich wollten sie möglichst schnell Bundesbürger werden. Dieses Gerede, oder soll man sagen, Gejammer hinterher, sie seien angeschlossen worden, überzeugt mich überhaupt nicht. Die wollten nämlich angeschlossen werden.

Ensikat: Das stimmt leider.

Bahr: Ich war damals in diesem alten Hotel hinter dem Friedrichstadtpalast, das mal Partei- oder Regierungshotel war. Beim Frühstück fragte mich der Ober, ob ich ein Ei wollte. Ich: »Warum nicht? Ein gekochtes Ei zum Frühstück ist doch was Schönes.« Da fragt er: »Ein Westei oder ein Ostei?« Auf meine verblüffte Frage, was das solle, sagt er: »Ja, es gibt hier Gäste, die wollen auf keinen Fall ein Ostei.«

Ensikat: Das kann ich leider nur bestätigen. Allerdings muss ich zugeben, dass ich am 18. März, dem Wahltag für die erste freie Volkskammer, noch bis zur ersten Prognose überzeugt war … Nein, noch diese Prognose hielt ich für einen Irrtum. Ich meinte, dass das, was Willy Brandt für den Osten getan hatte, der SPD auch 1990 noch angerechnet würde. Mit so einem Ergebnis, wie es dann herauskam, hatte ich überhaupt nicht gerechnet. Ich war an dem Abend im Palast der Republik, der damals noch stand.

Bahr: Ich auch.

Ensikat: Da waren tausend Fernsehstationen. Ich war da mit meinem Westberliner Kollegen Wolfgang Gruner. Wir sollten beide die Wahl kommentieren und sahen uns beide außerstande. Dieses Wahlergebnis hatte uns umgehauen. Der Schily wurde dann so angegriffen, weil er das mit einer Banane im Mund kommentierte. Das fand man provozierend. Ich fand schon an diesem Abend: »Ja, so war es. Wir haben uns für die Banane entschieden, die D-Mark gewählt, und die schien bei Kohl am sichersten zu sein.«

BAHR: Ich war auch erschüttert. Mit einem so tiefen Niedergang hatte ich auch nicht gerechnet.

ENSIKAT: Ich glaube, am meisten erschüttert war de Maizière. Der hatte doch überhaupt nicht damit gerechnet, dass er gewählt würde. Den hat ja auch keiner gemeint. Gemeint haben alle Kohl.

BAHR: Ja, selbstverständlich. Das Ergebnis war in jeder Weise überraschend. Auch wenn ich nicht geglaubt hatte, dass die SPD gewinnen würde, habe ich doch wenigstens gehofft, dass sie zumindest gleich stark, das Ergebnis jedenfalls knapp würde. Aber dann passierte ja noch etwas anderes. Der Einigungsvertrag wurde verhandelt, im Wesentlichen ein Werk von Schäuble.

ENSIKAT: Er hat in Anwesenheit von Staatssekretär Krause mit sich selbst verhandelt, nicht?

BAHR: Mir ist es nie so gut gegangen, dass ich mit mir selbst verhandeln konnte. Alles, was von Krause kam und nicht passte, wurde einfach weggewischt. Im Prinzip – das muss man sagen – konnte es sich ja auch nur darum handeln, dass die DDR dem System der Bundesrepublik beitrat.

ENSIKAT: Das ist mir auch bewusst geworden. Noch während des Wahlkampfes traf ich – ich glaube, es war im Haus der Jungen Talente in Ostberlin – einen SPD-Genossen aus Neukölln, der den Pankower Genossen beim Wahlkampf helfen sollte. Der kam ganz entsetzt aus Pankow und sagte zu mir ein paar Tage vor der Wahl: »Stellen Sie sich mal vor, da in Pankow reden die vom Bündnis 90, von der CDU und der SPD miteinander immer noch über Sachprobleme, statt Wahlkampf zu führen!« Als ich ihm sagte, dass ich Sachprobleme auch ein bisschen wichtiger finde als Wahlkampf, antwortete er fassungslos: »Sie müssen noch viel lernen.« Ich glaube, das war der Irrtum: Man meinte, nicht beide hätten voneinander zu lernen, sondern die Wahrheit nur in einer Richtung zu suchen.

BAHR: Aber wir von der SPD waren doch genau auf dieser Linie. Wir wollten eine neue Verfassung erarbeiten mit Vorgaben von allen Seiten, auch in der Sprache von Christa Wolf. So eine neue Verfassung für die Bundesrepublik hätte Zeit gebraucht, hätte aber ihre Legitimität durch das ganze Volk erhalten. Das wollte die Bundesregierung nicht. Sie glaubte, sie hätte dafür keine Zeit. Außenpolitisch war ja alles in Ordnung. Da wurden keine Fehler gemacht. Innen hat uns niemand reingeredet. Aber ich werde die erste gemeinsame Sitzung der Vorstände von SPD und den DDR-Sozialdemokraten von der SDP nie vergessen. Da haben wir von westlicher Seite den Artikel 146, nach dem das Grundgesetz »nach Vollendung der Einheit und Freiheit Deutschlands für das gesamte deutsche Volk gilt«, ins Gespräch gebracht.

Bei dieser Gelegenheit stand dann einer auf, den ich vorher nie gesehen und gehört hatte, der kam aus Mecklenburg-Vorpommern und hieß Harald Ringstorff. Er wurde dann dort Ministerpräsident. Damals sagte er: »Ihr könnt hier reden, was ihr wollt. Wir als Land Mecklenburg-Vorpommern sind nach dem Grundgesetz berechtigt, allein und direkt beizutreten. Und das werden wir auch tun.«

ENSIKAT: Nach Artikel 23, ja.

BAHR: Artikel 23. Und damit war die Diskussion bei uns zu Ende. Das heißt, die DDR wollte so schnell wie möglich Bundesrepublik werden.

ENSIKAT: Na ja, das würde ich jetzt so nicht sagen. Der Mehrheit der DDR-Bürger ging es nicht darum, Bundesbürger zu werden, da ging es um die D-Mark.

BAHR: Die habt ihr ja bekommen. Das war ja zugesagt.

ENSIKAT: Ja, aber damals noch nicht. Im März 1990 wusste bei uns noch keiner, wann die Währungsunion kommen und wie sie aussehen würde.

BAHR: Die Entscheidung war am 1. Juli gefallen – eins zu eins.

ENSIKAT: Ja, aber ich rede jetzt noch über den März. Da war, glaube ich, zumindest uns noch nichts bekannt. Aber es stimmt schon: Wir sind mit offenen Armen in diese Bundesrepublik gelaufen. Der Osten wollte Westen werden. Ich erinnere mich an eine blöde Talkshow damals. Als da einer gefragt wurde: »Sie kommen doch aus dem Osten?«, rief ein anderer dazwischen: »Osten ist abgeschafft!« Es wird ja heute noch manchmal vom »ehemaligen« Osten gesprochen. Die DDR-Bürger wollten ganz schnell Bundesbürger werden, um deren Zahlungsmittel in die Hand zu bekommen und die Pässe, mit denen man reisen konnte. Das ist ganz klar. Aber Politiker werden doch unter anderem auch dafür besser bezahlt als viele andere Leute, dass man von ihnen mehr Weitsicht erwartet. Sie hätten doch versuchen müssen, diesen Prozess zumindest zu verlangsamen, nachzudenken, bevor man handelte. Ich hatte immer das Gefühl, hier wird erst gehandelt und dann nachgedacht. Ja, ich gebe zu, hier wurde von den DDR-Bürgern jeder Versicherungsbetrüger, jeder Autohändler mit offenen Armen empfangen, bis man dann plötzlich merkte: Auch in der Freiheit gibt es Betrug. Das führte dann dazu, dass die Ostler plötzlich in fast jedem Westler, auch in dem, der mit dem besten Willen rüberkam, einen Verbrecher vermuteten, der ihnen was wegnehmen will. Ich habe immer gesagt: »Wir lagen uns ein paar Minuten in den Armen und wenig später in den Haaren.« Da sind natürlich von beiden Seiten Fehler gemacht worden. Der erste wurde von den Ostlern gemacht, die viel zu goldene Vorstellungen vom goldenen Westen hatten.

BAHR: Die größeren Fehler sind von denen begangen worden, die zu entscheiden hatten. Das war der Westen, ohne Frage. Das Prinzip Rückgabe vor Entschädigung war falsch. Wir haben erbittert dagegen gekämpft, denn das hat Millionen gekostet. Wer will denn investieren, wo die Eigentumsverhältnisse nicht geklärt sind? Was die Nazis den Juden, den Ausgewanderten geraubt hatten, das musste doch erst geklärt werden. Das dauert Jahre! Und solange das nicht geklärt ist, wird nicht investiert. Aber da haben wir uns nicht durchsetzen können. Wir haben dem Kohl auch gesagt – das Papier liegt immer noch im Wirtschaftsministerium –: »Sie können doch den Russen sechzehn Milliarden für den Abzug der Roten Armee bezahlen. Sie können denen auch einen Kredit geben, um sechzig Milliarden ging es da oder um hundert Milliarden, das ist alles möglich unter der Voraussetzung, dass sie damit die Lieferungen bezahlen, die sie in der DDR bestellt haben.« Dann wäre das Runterfahren der DDR-Wirtschaft langsamer, die Landung weicher ausgefallen. Wir hätten Zeit gewonnen. Denn in dem Moment, als die neue Währung in Ostdeutschland eingeführt worden war, konnten doch weder die Sowjets noch die anderen Ostblockstaaten in harter Währung bezahlen. So wurde es zu einer harten Landung. Das war die erschreckende, voraussehbare Entwicklung. Aber noch schlimmer finde ich, und da beziehe ich mich voll ein, die völlige Unterschätzung der mentalen Unterschiede. Ich hatte gedacht: »Mensch, millionenfache Besuche in beiden Richtungen – die müssen doch wissen, wohin sie kommen!« Und das war falsch. Die Deutschen haben sich bei diesen Begegnungen immer nur das Sonntagsgesicht gezeigt.

Ensikat: Das stimmt. Es gab ja damals auch immer die Gewissheit, die Besuchszeit geht mal zu Ende. Da hat man alle Widersprüche, die es durchaus auch gab, unter der Decke gehalten. Man wollte sich in der kurzen Zeit, die man sich sah, doch nicht streiten. Insofern hat uns die Mauer auch ein bisschen voreinander geschützt. Dieser Schutz fiel dann weg.

Bahr: Natürlich. Aber der Kernpunkt war der wirkliche mentale Unterschied zwischen einer Gesellschaft, die über vierzig Jahre lang kollektiv erzogen worden war, und einer Gesellschaft, die nach dem individuellen Leistungsprinzip funktionierte. Letztere hatten keinen Respekt vor der ganz anderen Qualität dieser Lebensleistung, die man in der DDR entwickelt hat. Dass jemand stolz sein konnte auf das, was er in der DDR geleistet hatte, war dem Westen völlig fremd. Das war übrigens meiner Meinung nach auch das Ergebnis der fehlerhaften Bezeichnung »Wiedervereinigung«.

Ensikat: Ja, was war denn da »wieder«?

Bahr: Bundeswehr und Volksarmee sind doch nicht wiedervereinigt worden!

Ensikat: Nein, die NVA ist aufgelöst worden. Man könnte es sogar böser sagen: Die NVA ist aufgelöst worden, und die Bundeswehr hat die Kasernen besetzt.

Bahr: Auch mit NVA-Soldaten, aber unter dem Kommando der Bundeswehr!

Ensikat: Das ist auch keine Vereinigung. Und das ist, glaube ich, der Grundirrtum gewesen, dass die Bundesrepublik meinte, sie erweitere sich, sie würde nur größer. Die Eingeborenen müssen nur auf sie hören, schließlich verstehen sie ja ihre Sprache und werden schnell lernen, wie es bei ihnen zugeht.

Bahr: Eben! Viele meinten: Was wollen die eigentlich? Die wollten doch die Wiedervereinigung! Die haben sie doch gekriegt! Was wollen sie denn nun noch?

Ensikat: Das Problem für die Ostler war: Sie hatten den Kapitalismus gerufen und wunderten sich dann, dass da wirklich Kapitalismus kam.

Bahr: Zum Teil sogar so, wie sie es gelernt hatten.

Ensikat: Genau. Keiner hatte doch gedacht, dass der Kapitalismus aus dem Parteilehrjahr der wirkliche wäre. Die Vorstellung vom Westen wurde im Osten wesentlich bestimmt vom Werbefernsehen. Das Werbefernsehen hatte eine größere propagandistische Wirkung als alle politischen Sendungen. Also – wir haben uns ineinander getäuscht, glaube ich.

Bahr: Aber wir haben uns doch so gemocht!

Ensikat: Ja, bis wir uns kennenlernten. Aber gut, das wäre ja auch nicht die erste Liebe, die am Zusammenleben scheiterte.

Bahr: Das ist wohl wahr!

Ensikat: Ich glaube, die gegenseitige Unfähigkeit, den anderen einfach als anderen zu akzeptieren, es interessant zu finden, dass der anders ist, das haben wir total verpasst. Als ich 1990 nach München kam und meinen alten Freund Dieter Hildebrandt traf, war seine erste Frage: »Willst du mit mir zusammenwachsen?« Hab ich gesagt: »Um Gottes willen!« Und er sagte: »Gut, dann können wir uns jetzt mal auseinandersetzen.« Genau das haben wir im größeren Maßstab verpasst. Statt uns erst mal auseinanderzusetzen und zu klären, was wir eigentlich wollen, sind wir in der Umarmung fast erstickt.

Bahr: Aber in allem Ernst: Wir haben ja dann die innere Einheit als oberstes Ziel formuliert. Ich habe genau verfolgt, wie lange Kohl das in seinen Weihnachts- oder Neujahrsansprachen betont hat und wann das dann plötzlich verschwand. Ich glaube auch nicht, dass das nachzuholen ist. Rechtsakte sind in ihren Folgen nicht zu revidieren. Das heißt, ich sehe nicht, dass das Ziel der inneren Einheit, so wie es postuliert worden ist, erreicht wird. Aber ich sehe, dass die junge Generation hineinwächst in die Selbstverständlichkeit des neuen Staates. Das ist dann auch Einheit. Die alte Generation, die Rentner, hat den großen Vorteil, wirklich profitiert zu haben von der Einheit. Die mittlere Generation hat es am schwersten, ihren Weg zu bahnen, sich zurechtzufinden in einer für sie fremden Welt.

Ensikat: Für den Hauptverlierer dieser Einheit halte ich die ostdeutsche Intelligenz. Die ostdeutsche Elite, die eigentlich ohne Ansehen der Person abgewickelt wurde. Was sich da an den Hochschulen abgespielt hat, was in der Charité passiert ist, das ist wirklich schlimm. Und wenn der Flierl als Kultursenator von Berlin nur versuchte, ihnen noch einen öffentlichen Abschied zu geben, sie in Würde zu verabschieden, dann wurde das empört abgelehnt!

Bahr: Lieber Herr Ensikat, ich empfinde das als eine Schande. Ich werde nie vergessen, was der Brandt gesagt hat in Hinblick auf mehr als vierzig Jahre Franco-

Herrschaft: »Wenn die Spanier das so gemacht hätten, wie wir es machen, hätte es einen neuen Bürgerkrieg in Spanien gegeben.« Denn da gingen die Verluste durch Krieg und Diktatur durch alle Familien. Wenn wir mit der SED so großzügig gewesen wären, wie wir es mit den unvergleichlich schrecklicheren NSDAP-Mitgliedern gewesen sind, dann wäre es ja auch noch in Ordnung gewesen.

ENSIKAT: Ich werde das Gefühl nicht los, hier wurde etwas nachgeholt, am untauglichen Objekt nachgeholt, was am tauglichen Objekt 1945 eben nicht erfolgte. Das war natürlich eine völlig andere Situation. Damals war ja die Mehrheit betroffen. Es war ja eine verschwindende Minderheit, die da aus der Emigration kam. Die da zurückkamen, wurden ja auch abgelehnt. Und damals handelte es sich wirklich um Massenmorde ... Jetzt gab es doch diesen furchtbaren Vergleich, ich weiß nicht, von wem, ich glaube, von einem Bürgerrechtler, der sagte, die Nazis hätten Leichenberge hinterlassen und die DDR Aktenberge. Jetzt wird ja auch die DDR als zweite deutsche Diktatur gehandelt. Also, erstens war es nicht die zweite, wir hatten vorher schon mehrere davon, und dann die zwei überhaupt nicht vergleichbaren Systeme in einen Topf zu werfen, das halte ich für mehr als einen Irrtum ...

* * *

BAHR: Willy Brandt wollte, das hat er damals auf dem Parteitag in Leipzig und dann noch mal in Berlin gesagt, dass die SPD jeden aufnahm, der saubere Hände hatte, keine Verbrechen begangen hatte und sich zu unserem Parteiprogramm bekannte. Das wurde von der SDP aber abgelehnt. Warum? Sie hatten Angst und misstrauten den Funktionären, den viel besser ausgebildeten Kadern der SED. Aber es war trotzdem ein Fehler.

ENSIKAT: Natürlich. Aber das war eine Haltung, die man im Osten zu dieser Zeit überall fand. Alle zeigten nur auf die Stasi und die SED. Keiner zeigte auf sich. Ich habe immer wieder gesagt: »Wir wären ohne Honecker denkbar gewesen, aber Honecker ohne uns nicht.« Allein die Mitgliedschaft in der SED sagt überhaupt nichts. Ich hatte und habe sehr viele Freunde, die in der SED waren und genauso kritisch waren wie ich. Die Mitgliedschaft in einer Partei sagt kaum etwas aus. Was jemand getan hat, das hätte zählen müssen. Aber da gebe ich Ihnen recht, es waren besonders die Leute im Osten, die da eine besondere Strenge verlangten.

BAHR: Der andere, wirklich große Fehler war, dass man

den Eindruck erweckte, die Stasi sei wichtiger gewesen als der ganze Staat, die Partei und alles, was dazugehört. Dass es ein Stasi-Staat gewesen sei. Die Stasi-Akten wurden benutzt, als ob es sich dabei um Bibeltexte handelte. Der Kohl hat ja vor der Enquete-Kommission gesagt, was ich auch denke. Wenn man ihn gefragt hätte, hätte er gewusst, was er damit macht – verbrennen, vergraben, in den Keller stecken ... Leider ist er nicht gefragt worden. Die Polen schüttelten zum Teil mit dem Kopf, was wir da machten, nämlich bis heute in den tiefsten aller Gründe masochistisch zu suchen, was man sich noch antun kann. Um alles in der Welt, es muss doch damit mal Schluss sein, um wieder nach vorn gucken zu können. Das heißt nicht, dass wir aufhören sollten, uns mit der Vergangenheit zu befassen.

ENSIKAT: Ich halte die Öffnung der Stasi-Akten im Grunde für richtig. Denn was wäre sonst geschehen? Was sich jetzt gerade in Polen abspielt, wo immer wieder neue Verdächtigungen hochkommen. Nur, wie man die Akten bei uns dann benutzt hat! Wie Sie sagen, dass man sie wie die Bibel gelesen hat, als wüsste man nicht, wie sie entstanden sind. Da haben Geheimdienstleute gearbeitet, deren Karriere von dem abhing, was sie berichteten. Und das nun für die Wahrheit zu halten!? Diese Akten wurden angelegt, um Menschen zu zerstören. Und sie wurden zum Teil danach benutzt, um wieder Menschen zu zerstören. Den Umgang mit diesen Akten fand ich zynisch. Ich bin mir sicher, bei der nächsten Wahl findet man bestimmt wieder bei einem von der PDS oder einer anderen Partei »zufällig« irgend so eine Stasi-Akte. Als Stefan Heym Alterspräsident des Bundestages werden sollte, fand man am Vorabend – ich bin vor Lachen fast umgefallen – heraus, dass er IM gewesen sein sollte. Das hat sich zwar sofort als Irrtum herausgestellt. Aber es war erst mal eine Nachricht.

BAHR: Außerdem kann man ja auch nicht übersehen, selbst wenn man es nicht beweisen kann, dass es komischerweise immer ganz bestimmte Presseorgane sind, die Nachrichten über neue Funde aus den Stasi-Akten melden. Und die Behördenleiter, der eine wie die andere, sind nicht in der Lage, hier für Ordnung zu sorgen, dass damit ordentlich umgegangen wird.

ENSIKAT: Über die Art des Umgangs sind wir uns, glaube ich, ganz einig. Ich meine nur, dass die Öffnung im Prinzip richtig war. Dass man das nicht unter den Teppich kehren kann.

BAHR: Ja, ich bin ja auch dafür, dass die Wissenschaft in der Lage sein muss und die Leute, die persönlich betroffen sind, weiter die Möglichkeit haben sollten, da reinzugucken. Obwohl, ich glaube, es war der Eppelmann, der in seine Akten geguckt hat und dann sagte: »Ich bin natürlich von Menschen enttäuscht worden. Ich bin nicht schlauer geworden und nicht glücklicher.« Aber er hat es nun gesehen. Ich bin doch um alles in der Welt nicht dafür, dass man die Geschichte vergisst. Ganz im Gegenteil! Aber ich sag jetzt mal was ganz Schlimmes: Von der industriellen Menschenvernichtung – also Auschwitz – wird man noch in fünfhundert Jahren wissen, darüber sprechen. Hoffentlich bleibt es bei dieser Einmaligkeit! Aber ich darf doch nicht sagen: »Weil wir Auschwitz unauslöschlich als Teil der deutschen Geschichte im Gedächtnis haben, müssen wir uns jedes Mal umgucken, wenn wir eine Entscheidung für die Zukunft fällen, ob wir das auch dürfen. Wegen Auschwitz. Das wäre doch entsetzlich! Das würde doch bedeuten, dass man diesen Verbrechern von damals indirekt noch eine Art Mitspracherecht für heute und für morgen zubilligt. Insofern muss man dafür sorgen, dass die Vergangenheit nicht die Zukunft belastet. Ich sage das nicht nur für das eigene Land, das sowieso: Dieses Land muss gesunden, gesunden wie alle anderen: Italiener, Engländer, Franzosen und Polen. Alle gehen ihren Weg. Und Deutschland allein soll das nicht dürfen?! Nicht allein seinen eigenen Weg gehen können in Kenntnis dessen, was die Geschichte auch an Belastungen mit sich bringt? Das finde ich unmöglich, weil Europa nicht gesund sein kann ohne ein gesundes Deutschland.

ENSIKAT: Damit wären wir wieder beim 9. November, diesem deutschen Datum. Warum bekennt man sich nicht dazu?

BAHR: Ja, eben!

ENSIKAT: Um das Kapitel Stasi-Akten und ihre Glaubwürdigkeit abzuschließen – ich habe einen sehr guten Freund, der, wie ja viele, sowohl eine Täterakte als auch eine Opferakte besitzt. In seiner Täterakte – ich habe sie selbst gesehen – steht, dass er sich geweigert hat, über irgendwelche Personen Auskunft zu geben, darunter auch über mich, der ich da als »sattsam bekannt« apostrophiert werde. Immer wieder steht da, dass er sich geweigert hat, Auskünfte zu geben. Das ist die Täterakte. In der Opferakte steht, von einem ihm vermutlich wohl gesinnten IM verfasst, dass er ein guter Freund des Staates sei, dass er alles nicht böse meine, eben ein Kabarettmensch sei. Er sei ein Freund der DDR, der eigentlich alles »parteilich« sehe. Die Täterakte könnte er zum Fenster heraushängen, und alle würden klatschen, die Opferakte dagegen sieht ganz dumm aus. So viel zur Glaubwürdigkeit der Akten. Ich möchte meine gar nicht sehen, weil ich ja weiß, zu welchem Zweck sie angelegt wurde. Für viele, die fest damit gerechnet hatten, eine Akte zu haben, war es ja auch eine Enttäuschung, wenn sich nichts anfand. Da fühlte man sich plötzlich weniger wert als die andern. Der Wert des Menschen wurde ja von manchen nach dem Umfang ihrer Stasi-Akten gemessen. Ich bin fest davon überzeugt, in meinen Akten steht nichts, was mir irgendwas bedeuten könnte, was für mich etwas Neues wäre. Dass Menschen andere verraten, das gibt es in jeder Gesellschaft. Der Unterschied ist, bei der Stasi wurde darüber Buch geführt. Ich gebe allerdings zu, dass das ein entscheidender Unterschied ist.

* * *

ENSIKAT: Etwas, was mich sehr beschäftigt hat, war die Art, wie dann mit Honecker umgegangen wurde. Dass er, nachdem er vorher der Alleinentscheidende gewesen sein soll, nun plötzlich zum Alleinschuldigen gemacht werden sollte. Dass er eigentlich – das ist ja die Ironie der Geschichte – einer der letzten Botschaftsflüchtlinge war, ihm aber keiner mehr half. Ich hatte oft das Gefühl, dass ihm die DDR-Leute ganz besonders übelgenommen haben, dass sie ihm so lange zugejubelt hatten. Hier wurde ein Schuldiger gefunden, der uns alle freisprechen sollte. Ähnlich ist ja der ewige Hinweis auf Stasi und SED auch ein Versuch, sich vom eigenen Anteil an dem, was geschehen ist, freizusprechen, indem man einen Schuldigen findet. Ich habe in einem Buch versucht, die Ähnlichkeiten zwischen Honecker und dem letzten sächsischen König, Friedrich August III., herauszufinden, dem komischen Sachsen-König, der während der Revolution 1918 in Dresden gesagt haben soll: »Macht euch euern Dreck alleene!« Wie dessen Schicksal aussah, wie er entschädigt wurde, obwohl doch die Fürsten damals enteignet werden sollten. Der war ja nicht nur so eine komische Sachsen-Nudel. Er hatte an diesem Weltkrieg, schon an der Vorbereitung dieses Krieges, entscheidenden Anteil gehabt. Ich weiß nicht, wie viele Sachsen in diesem Krieg gefallen sind. Auch dafür trug er ja Verantwortung. Dennoch wurde er von seinem kurzfristig aufmüpfigen Sachsenvolk später geradezu verehrt, ihm wurde alles verziehen. Er bekam Entschädigungen in Millionenhöhe. Honecker hätte nicht mal eine Unterkunft gehabt, hätte es nicht diesen wunderbaren Pfarrer in Lobetal gegeben, der ihn bei sich aufgenommen hat. Und dann die vereinigte westdeutsche Justiz, die über ihn zu Gericht saß! Da hatte ich immer das Gefühl, nein, ich war überzeugt, dass sie da über etwas verhandelten, was sie gar nicht beurteilen konnten, weil sie nichts wussten. Das betraf all diese Politbüroprozesse. Dass man den Mann, der ja todkrank war, überhaupt noch vor Gericht bringen musste! Es war ja abzusehen, dass er sterben würde.

Bahr: Es wurde sogar diskutiert, ob er seine Krankheit nur vorspielen würde.

Ensikat: Mit dieser These trat doch dann auch dieser seltsame Professor Hackethal auf. Es war ein unwürdiges Spiel, das man da spielte.

Bahr: Ich finde es bis zum heutigen Tage sehr fragwürdig, dass die Justiz nicht in der Lage gewesen sein soll, Mielke für etwas anderes zu verurteilen als für die Polizistenmorde 1931. Das ist völlig unbegreiflich. Es hat ja auch keine richtige Anklage gegen Honecker gegeben. Was sollte man ihm denn vorwerfen? Dass er Staatschef war? Dass er nach Gesetzen gehandelt hat, die er selbst oder sein Staat erlassen hatte? Genscher hat mal gesagt: »Die schlimmste Strafe für Honecker ist, dass er jetzt mit Margot zusammenleben muss.«

ENSIKAT: Dass er wieder zu Margot nach Chile musste! Darüber haben wir auch unsere Witze gemacht.

BAHR: Aber das ist zum Schluss ja dann gutgegangen. Sie hat ihn gepflegt ... Aber dieses Exil und die Art, wie es zustande kam, waren eigentlich unwürdig.

ENSIKAT: Ein Mann wie Kohl, der ihn ja mal als Staatsgast empfangen hat, hätte ihn doch wenigstens im Gefängnis mal besuchen können. Das Schlimme war ja, er saß in einem Gefängnis, in dem er zu Nazi-Zeiten schon mal gesessen hatte.

BAHR: Nein!

ENSIKAT: Doch! Ich meine, wir alle haben zu DDR-Zeiten auf die – das klingt jetzt ein wenig zynisch – biologische Lösung gehofft. Weil wir dachten, anders ändert sich hier nie was. Aber sie dann so herbeizuführen, das halte ich, ja, für ausgesprochen unwürdig.

* * *

Ensikat: Zugespitzt könnte man sagen: Bis 1990 waren wir zwei Staaten, seitdem sind wir zwei Völker.

Bahr: Dem würde ich entschieden widersprechen.

Ensikat: Ich hoffe!

Bahr: Wir sind wirklich ein Volk und haben schon ungeheure Fortschritte gemacht. Auf der anderen Seite haben wir in der mentalen Einigung nicht entfernt das erreicht, was wir uns vorgenommen hatten.

Ensikat: Ich glaube, wir sind uns ähnlicher, als wir eigentlich sein möchten. Die Ähnlichkeiten sind viel größer, und gerade das macht es so kompliziert.

Bahr: Jedenfalls haben wir das, was wir uns vorgenommen hatten, nicht erreicht. Noch immer findet im Osten ein Exodus statt. Noch immer ist der Königsweg nicht erkennbar, auf dem wir zu der von der Verfassung vorgeschriebenen Vergleichbarkeit der Lebensverhältnisse gelangen. Wenn wir nur alle Programme, die es bisher gab, auf den Tisch legen und einfach so weitermachen, wird der Unterschied im Lebensstandard und in der wirtschaftlichen Effektivität nicht erreicht werden. Alles, was die Wirtschaft verlangt hat, hat sie im Prinzip von Kohl wie von Schröder bekommen. Aber sie hat wenig von dem geleistet, was sie zu leisten versprochen hatte, wenn ihre Forderungen erfüllt sind. Das Schrecklichste ist für mich die Perspektivlosigkeit, dass man nicht erkennen kann, was man erwarten darf, was passiert, wenn man das oder jenes tut. Diese Perspektivlosigkeit ist für mich das Schlimmste.

ENSIKAT: Ich glaube, ein Fehler in der Sache geht noch weiter zurück. Nämlich darauf, dass man meinte, auf die Intelligenz der »Eingeborenen« im Osten nicht angewiesen zu sein, auf die Ideen dieser Leute. In Ostdeutschland wurde alles nach westdeutschem Muster umgesetzt, bis zur letzten Durchführungsbestimmung. Man hat das große Pfund, das hier vorhanden war und zum Teil noch vorhanden ist an Intelligenz, an Wissen und Kraft nicht genutzt. Natürlich sieht man hier vieles anders und packt viele Dinge auch anders an. Das müsste man aber auch akzeptieren, neugierig darauf sein, mal gucken ... Ich habe ja nun bis vor anderthalb Jahren ein Kabarett geleitet. Das hat vierzig, nein, sechsunddreißig Jahre DDR überstanden und gegen alle Erwartung auch zwanzig Jahre deutscher Einheit.

BAHR: Sie dürfen ruhig sagen, dass es die »Distel« ist.

ENSIKAT: Ja, das Kabarett »Distel«. Wir haben uns selbstverständlich auch vom Westen beraten lassen. Auch gute Freunde haben uns immer mal wieder gesagt: »So wie ihr das macht, geht es nicht.« Wir haben nur gesagt: »Lasst es uns versuchen.« Wir haben es versucht und haben es eben mit unseren Mitteln dazu gebracht, dass wir ein gesamtdeutsch anerkanntes

Kabarett geworden und geblieben sind. Bei uns werden – welcher Betrieb kann das heute noch von sich sagen – schwarze Zahlen geschrieben.

Bahr: Es könnte ja wirklich eine List der Geschichte sein, dass wir nun – sechzig Jahre nach Kriegsende, zwanzig Jahre nach Ende der Teilung – an der Spitze des Staates eine ostdeutsche Kanzlerin haben. Und ich werde Ihnen was sagen: Die Bundesrepublik wird das nicht nur überleben, sie wird hoffentlich auch merken, dass das gar nicht so schlecht ist und sogar funktionieren kann.

Ensikat: Na sicher. Uns bleibt ja gar nichts anderes, als zu hoffen, dass dieses letzte Aufgebot …

Bahr: Das haben Sie gesagt! Weil die aus dem Osten kommt, ist sie doch nicht das letzte Aufgebot!

Ensikat: Ich sehe im Moment nichts, was jetzt aus dem Westen kommen könnte. Aber so dick ist unsere Personaldecke im Osten auch nicht. Also man kann nur hoffen, dass sie es packt. Aber im Grunde ist es ja ganz unwichtig, ob sie nun aus Köln kommt, aus Cottbus oder Berlin.

Bahr: Natürlich.

Ensikat: Hoffen wir, dass das mit zur Normalität führt, dass man bei der nächsten Wahl gar nicht mehr fragt: Templin oder Miesbach?

Bahr: Allerdings wird das mit den geographischen Kenntnissen auch noch kompliziert bleiben, wenn die Einheit vollendet ist. Die Baden-Württemberger haben immer mehr in die Schweiz oder nach Frankreich geguckt. Für die ist Berlin sehr, sehr, sehr weit weg.

ENSIKAT: Dagegen ist aber nichts zu sagen, finde ich.

BAHR: Nein? In Ordnung!

ENSIKAT: Das hat doch wirklich was mit Europa zu tun. Gott sei Dank! Viele Ostdeutsche waren ja damals beleidigt, wenn Münchner oder Stuttgarter gesagt haben: »Die Schweiz oder Italien liegen uns viel näher.« Das habe ich eher als positiv empfunden.

BAHR: Dagegen ist auch wirklich nichts zu sagen. Wenn wir zurückblicken auf die Zeit seit 1945, in diesen sechzig Jahren hat unser Land ungeheures Glück gehabt. Dass wir erreicht haben, was wir erreicht haben! Ohne Krieg und im Wesentlichen ohne Blutvergießen.

ENSIKAT: Dass wir diese Wende erlebt haben – ohne Blutvergießen.

BAHR: Und damit ist Deutschland nun wirklich wieder die Mitte Europas geworden.

ENSIKAT: Und es muss keiner mehr Angst haben vor uns.

BAHR: Keiner muss Angst haben. Nicht mal Luxemburg. Wir sind da an der Leine. Und darüber hinaus – Europa hat sich nach Osten erweitert. Das hat die Mittellage Deutschlands stärker gemacht.

ENSIKAT: Wenn wir es schaffen, dass wir zu Polen, Tschechien das gleiche Verhältnis haben wie zu Frankreich, dann kann man, glaube ich, wirklich von einer europäischen Einigung sprechen.

BAHR: Dann schaffen wir vielleicht, was Brecht uns gewünscht hat.

ENSIKAT: Auf seine Kinderhymne können wir uns bestimmt einigen: »Anmut sparet nicht noch Mühe, Leidenschaft nicht noch Verstand, dass ein gutes Deutschland blühe wie ein andres gutes Land. Und weil wir dies Land verbessern, lieben und beschirmen wir's, und das liebste mag's uns scheinen, so wie andern Völkern ihr's.« Brecht war gar nicht so schlecht.

BAHR: Nein, nein!

ENSIKAT: Der war aber ein Westdeutscher, noch dazu ein Bayer!

BAHR: Aus Augsburg.

* * *

BAHR: Was hat sich eigentlich verändert seit unseren letzten Gesprächen?

ENSIKAT: Ich bin Rentner geworden. Heute habe ich gerade von der Lebensversicherung ein vorgedrucktes Formular zugeschickt bekommen, auf dem ich bestätigen soll, dass ich noch lebe, also Anspruch auf weitere Rentenzahlung habe. Es passiert mir jetzt immer öfter, dass ich von Dingen lese oder höre, die mich zwar brennend interessieren. Aber dann fällt mir manchmal eben auch ein: Mein Gott, das erlebst du ja gar nicht mehr!

BAHR: Sieh mich an, und guck dann mit großer Zuversicht in die Zukunft.

ENSIKAT: Um so optimistisch zu sein, muss man die siebzig wohl weit überschritten haben.

BAHR: Ich habe dank meiner humanistischen Bildung den alten Plato noch im Original gelesen, weiß also, was Sokrates seinen Schülern gesagt hat, als sie ihn vor dem zu erwartenden Todesurteil warnten: »Ich werde verurteilt, weil ich ein Unruhestifter bin. Aber ich habe keine Angst. Noch ist niemand zurückgekommen, um uns zu sagen, wie es danach ist. Vielleicht ist es ja wirklich das Paradies, oder es ist das absolute Nichts. Warum sollte ich davor Angst haben?« Will sagen, ich bin aufgewachsen in dem Bewusstsein, dass jeder Mensch sterblich ist. Wie das hinterher ist, wissen wir alle nicht …

ENSIKAT: Ich hab mal in einem Kabarettlied geschrieben: »Auch die den Himmel loben, war'n alle noch nicht oben.«

BAHR: Ein anderer Spruch, den ich aus dem Lateinischen habe, lautet: »Mors certa, hora incerta est.« Wir haben das übersetzt: »Todsicher geht die Uhr falsch.« Also sollten wir uns an dem freuen, was wir jeden Tag noch fröhlich erleben.

ENSIKAT: Ein Freund hat mir mal gesagt: »Wenn du mit siebzig morgens aufwachst, und es tut nichts weh, dann bist du tot.«

BAHR: Mit seinen Wehwehchen muss man halt leben. Dafür wird man sich der Kostbarkeit, die das Verhältnis zu Menschen, zwischen Menschen ausmacht, umso bewusster. Und was die Natur betrifft, die habe ich mit dreißig, vierzig kaum wahrgenommen.

ENSIKAT: Da warst du viel zu sehr im politischen Geschäft.

BAHR: Richtig.

ENSIKAT: Wie siehst du denn die, die das heute betreiben?

BAHR: Ach, das ist ein weites Feld. Von der Jugend hatten schon die alten Griechen keine gute Meinung.

ENSIKAT: Schon Sokrates hat der Jugend vorgeworfen, dass sie faul sei, keinen Respekt vorm Alter habe.

Bahr: Ich werde oft gefragt, warum gibt es heute in der Politik keine unverwechselbaren Persönlichkeiten mehr? Nach den Erfahrungen mit Krieg und Nazi-Zeit musste man noch existentielle Entscheidungen treffen. Das prägt. Wir haben unmerklich den Zustand erreicht, dass Politik vor allem eine Karrierefrage geworden ist. Im nächsten Jahr werden in den USA, Russland und Frankreich Wahlen sein. 2013 dann auch in Deutschland. Keiner von denen, die heute an der Spitze sind, kann sicher sein, es zu bleiben. Von Putin ist allerdings kaum etwas Neues zu erwarten.

Ensikat: Aber bei uns ließe eine Änderung da oben doch wieder ein bisschen hoffen.

Bahr: Wir sind in Deutschland in der phantastischen Situation, dass wir durch die Einheit an Bedeutung verloren haben. Bis dahin drehte sich alles um die Frage: »Was wird aus den Deutschen?« Das ist vorbei. Heldentum ist nicht mehr gefragt. Das vereinte Deutschland ist unwichtig geworden, Europa auch, und das ist ein Erfolg. Wir haben keinerlei territoriale Ambitionen. Wir haben immer noch Wohlstand und ein soziales Netz, das sich sehen lassen kann.

Ensikat: Aber nur, weil die anderen noch schlechter sind. Gerade das soziale Netz droht doch auch bei uns immer mehr zu reißen. Im Weltmaßstab sind wir zwar noch Spitze, aber diese Spitze wird immer stumpfer.

Bahr: Europa muss endlich volljährig werden, sich von Amerika emanzipieren. Das heißt ja nicht, dass wir deshalb Feinde werden. Aber alle, die jetzt in Europa regieren, sind vorsichtig, weil sie nicht wissen, wie die Wahlen ausgehen werden. Deshalb ändert sich im Augenblick so wenig. Es gibt keine Führung. Die wird es aber eines Tages wieder geben müssen.

ENSIKAT: Wenn gerade mal keine Wahlen bevorstehen. Da die aber immer bevorstehen, habe ich arge Zweifel daran, dass man sich den wirklichen Problemen endlich nähern wird.

BAHR: Es wird alles davon abhängen, ob wir in Europa fähig sind, endlich das zu machen, was wir beschlossen haben, nämlich durch Verzicht auf nationale Souveränität eine europäische Souveränität zu entwickeln, die international handlungsfähig ist, jedenfalls auf dem Gebiet von Sicherheit und Verteidigung.

ENSIKAT: Da ist das ja, glaube ich, noch vorstellbar. Aber sobald es um's Geld geht …

BAHR: … hört der Spaß auf.

ENSIKAT: Das ist erschreckend. Man versucht doch, Stimmung zu machen, indem man behauptet, wir Deutschen müssten für alle anderen bezahlen. Selbst Frau Merkel hat gesagt, die Griechen müssten sich an mehr Arbeit und weniger Urlaub gewöhnen.

BAHR: Ich sage jetzt etwas ganz Böses, was ich sonst so noch nicht gesagt habe: Frau Merkel ändert ihre Meinung in letzter Zeit so oft, dass es im Moment gar nicht so ernst zu nehmen ist, was sie gerade sagt. Aber eines ist doch klar: Deutschland ist das Land, das am meisten von Europa profitiert hat. Wenn es anderen europäischen Ländern schlechtgeht, wird es uns auch schlechtgehen, weil die nichts mehr von uns kaufen können. Ich bin dafür, dass wir uns auf den Weg machen zu einer Föderation von Europa. Das geht nur mit dem Verzicht auf nationale Souveränität wie zum Beispiel in der Landwirtschaft. Da sind doch schon fast alle Kompetenzen auf Brüssel übertragen, auf das Europäische Parlament. Das muss weiter gehen, sonst wird Europa zur Lachnummer.

ENSIKAT: Dafür muss man sich aber immer wieder deutlich machen, welche Vorteile wir alle von Europa haben. Gerade für uns, die wir aus der DDR kommen, sind diese Vorteile doch unübersehbar. Wir können unbeschränkt reisen, müssen in den meisten Ländern nicht mal mehr das Geld tauschen. Wenn ich Leute in meinem Alter davon reden höre, was ihre Kinder im Ausland machen, wo sie studieren, arbeiten, wohin sie selbst im Urlaub fahren … Das war für uns doch ganz und gar unvorstellbar gewesen. Und das war in diesem Maßstab auch für die Bundesbürger vorher nicht so leicht. Europa hat uns eine Form von Lebensqualität gebracht, die man im Alltag zu schnell wieder vergisst, weil man das alles für normal hält, was es früher eben nicht war.

BAHR: Ich möchte auf ein Thema zurückkommen, das wir vor einigen Jahren schon diskutiert haben, ohne wissen zu können, wie das heute aussieht. Aufhängen möchte ich das an dem berühmten Satz: »Das Sein bestimmt das Bewusstsein.« Die ungeheuer prägende Kraft des Alltags hat die Ostdeutschen gezwungen, sich an die Realitäten des Westens anzupassen. Aber trotz der gemeinsamen Realitäten, die uns umgeben, sind doch Unterschiede geblieben.

ENSIKAT: Das kann man gar nicht oft genug wiederholen – diese Anpassungsleistung der Ostdeutschen war gewaltig.

BAHR: Aber ebenso unbestreitbar ist – die Unterschiede gibt es noch. Die innere Einheit, die wir angestrebt haben, haben wir auch heute noch nicht erreicht. Auch der Unterschied zwischen Schleswig-Holstein und Bayern ist geblieben. Aber niemand hat die Frage gestellt, wann die innere Einheit zwischen Schleswig-Holstein und Bayern erreicht sein wird.

ENSIKAT: Man hat ja auch nie von einer Wiedervereinigung von Bayern und Schleswig-Holstein gesprochen.

BAHR: Richtig. Und jetzt müssen wir beobachten, dass die Menschen diese Realität unterschiedlich empfinden. Auch die heute unter Fünfunddreißigjährigen, die im Grunde nur die Realität des vereinten Deutschland erlebt haben. Ganz zu Anfang haben wir vom Alter und damit vom natürlichen Abgang gesprochen.

ENSIKAT: Wir müssen alle mit unserem Ableben rechnen.

BAHR: Eben. Noch ist niemand übriggeblieben. Aber das stört mich nicht. Jedenfalls wird der Generationswechsel dafür sorgen, dass das entsteht, was wir innere Einheit nennen und was wir uns wünschen – dass nämlich die Unterschiede zwischen Ost und West dann wie die zwischen Nord und Süd als normal empfunden werden.

ENSIKAT: Trotzdem meine ich, dass man etwas verpasst hat, nämlich die Vorteile beider Seiten zu nutzen. Der Osten musste sich anpassen, total. Dabei ist auch manches verlorengegangen, unter anderem die natürliche Solidarität, die das große Wort gar nicht brauchte. Vieles davon, was man Nachbarschaftshilfe nannte, war aus der Not geboren. Im Osten wusste man mehr als im Westen, wie sehr man auf den Nachbarn angewiesen ist, auf das Gespräch. Das sind ganz simple Dinge. Auffällig ist für mich zum Beispiel die eher pazifistische Einstellung im Osten. Das hat damit zu tun, dass man da die Spuren des Krieges noch bis zum Ende der DDR gesehen hat. Das war bei euch doch längst zugeschmiert, bunt übermalt. Was Krieg war, das blieb bei uns länger im Gedächtnis, weil die Spuren noch zu sehen waren.

BAHR: Aber die allgemein zu beobachtende Oberflächlichkeit, das alles hat doch auch mit den neuen technischen Möglichkeiten zu tun. Das Internet ist doch ungeheuer praktisch, also nützlich.

ENSIKAT: Einverstanden. Kein Wort gegen das Internet. Nur wie man es benutzt, was man damit alles kompensiert, das ist problematisch

BAHR: Das Internet ist weder patriotisch noch sozial. Es ist gefühllos.

ENSIKAT: Anonym.

BAHR: Und es hilft nicht bei der Frage, wie wir unsere Gesellschaft entwickeln, das menschliche Zusammenleben gestalten wollen. Aber wir haben erlebt, welchen Einfluss das Internet haben kann, zum Beispiel auf das, was in der arabischen Welt passiert. Mit diesem absolut gefühllosen Internet kann man Gefühle mobilisieren, wie man es kaum für möglich gehalten hätte. Insofern hat das Internet auch unsere Wirklichkeit verändert. Aber wie diese Veränderungen aussehen, was wir damit anfangen, das müssen wir selbst herausfinden. Es befreit uns nicht von der Notwendigkeit, uns selbst politisch oder gesellschaftlich zu entscheiden.

ENSIKAT: Das Denken nimmt uns keine Technik ab. Sie kann aber zur Verbreitung des Wissens beitragen. Von Tucholsky übrigens stammt der schöne Satz: »Man sollte gar nicht glauben, wie gut man auch ohne die Erfindungen des Jahres 2500 auskommen kann.« Daran, dass der unbestreitbare technische Fortschritt auch immer einen Zuwachs an Lebensqualität bringt, habe ich jedenfalls große Zweifel.

BAHR: Gemessen an diesem Fortschritt, ist es doch geradezu erbärmlich, was wir in unserem Land nach wie vor erleben. Da haben wir eine Behörde, die mit Hilfe von Aktenbergen unbarmherzig alles aufarbeiten will, was geschehen ist. Das nimmt doch langsam dostojewskihafte Züge an.

ENSIKAT: Was in den letzten Jahren mit diesen Stasi-Akten geschieht, das hat mit Geschichtsaufarbeitung überhaupt nichts mehr zu tun. Das geschieht doch immer mehr aus rein tagespolitischen Interessen. Da wird verzweifelt nach Spuren gesucht, die eventuell einen aus der anderen Partei beschädigen können. Wenn heute noch über Stolpes angebliche Stasi-

Dienste debattiert wird, dann hat das doch mit Stolpe gar nichts mehr zu tun, sondern mit den mangelnden Erfolgsaussichten der CDU bei Wahlen in Brandenburg. Oder wenn es um die vierzig ehemaligen Stasi-Leute geht, die Gauck damals übernommen hatte und die allesamt unbeanstandet ihre Arbeit als Kraftfahrer oder Wachschutz getan haben, dann kann ich nur fragen, was ist das für eine Heuchelei, wenn man sagt, man könne ihren Opfern nicht zumuten, ihnen eventuell wiederzubegegnen?

BAHR: Ich kann es noch ein bisschen deftiger sagen: Es ist einfach eine Schweinerei. Wenn die Menschen aus dem Osten härter, unnachsichtiger behandelt werden als die Nazis aus dem Dritten Reich. Das ist doch überhaupt nicht zu rechtfertigen. Als ich vor kurzem zum Jahrestag von Brandts Kniefall in Warschau war, habe ich vom polnischen Präsidenten den Satz gehört: »Wir müssen nicht vergessen, wenn wir die Versöhnung mit Deutschland entwickeln wollen.« Warum können wir so etwas nicht auch endlich sagen? Es kann doch nicht sein, dass wir uns mit unseren Nachbarn eher versöhnen als mit uns selbst.

ENSIKAT: Mir ist übrigens etwas aufgefallen, was uns beide ganz privat betrifft. Wenn ich zu euch in den Grunewald komme, treffe ich dort regelmäßig mehr Ost- als Westdeutsche. Das ist, wenn ihr zu uns nach Hohenschönhausen kommt, nicht immer so. Woher kommt das?

BAHR: Das habe ich auch schon überlegt. Ich vermute, dass es im Osten mehr Menschen gibt mit Schicksalen und nicht mit Karrieren. Die Oberflächlichkeit ist noch nicht zur inneren Einheit geworden.

ENSIKAT: Das ist aber nur eine Frage der Zeit. Es stimmt natürlich, es gibt wohl nur wenige, die im Osten gelebt haben und heute über vierzig/fünfzig sind, die keinen Bruch in der Biographie verspürt haben. Ob wir nun für die DDR waren, dagegen, oder ob sie uns gleichgültig war. Dieser Bruch hatte für die meisten von uns existentielle Folgen. So was kann einen auch stark machen, und sei es nur die Erkenntnis der eigenen Gewöhnlichkeit. Mir ging es in der DDR unter anderem deshalb gar nicht so schlecht, weil ich immer wusste, wogegen ich war. Aber als das dann aus war, merkte ich, wie angepasst ich trotzdem gelebt hatte. Ich war eben auch nur einer von sechzehn Millionen, die letztendlich mitgemacht haben, trotz allen Widerspruchs, den ich mir herausgenommen habe. Wir alle hätten unser Leben ohne Honecker und Mielke leben können, aber die nicht ohne uns. Insofern haben wir eben alle irgendwie mitgemacht.

BAHR: Ich lasse das bewusst ohne Kommentierung so stehen, möchte allerdings hinzufügen, man kann den Westlern auch nicht vorwerfen, dass sie in ihrer Welt Karriere gemacht haben. Es ist ja nicht ihre Schuld, dass sie in ihrem Leben solche Brüche nicht überstehen mussten.

ENSIKAT: Man könnte in Abwandlung von Brecht sagen: Glücklich das Land, das keine Helden braucht.